Inge Dillenburger

Schiller, Mörike, Hesse
und die Frauen

im Leben und Werk der drei Dichter aus Schwaben
beobachtet und beschrieben von

Inge Dillenburger

Stieglitz Verlag
D-75417 Mühlacker
A-8952 Irdning/Steiermark

Gestaltung des Umschlags Volker Riedel, Knittlingen

Abbildungen: Margarethe Mörike, Charlotte Schiller und Ninon Hesse Deutsches Literatur-Archiv, Marbach

Bibliografische Information der Deutschen Bibliothek
Die Deutsche Bibliothek verzeichnet diese Publikation in der Deutschen Nationalbibliografie; detaillierte bibliografische Daten sind im Internet über http://dnb.ddb.de abrufbar.

ISBN 3-7987-0379-5

Druck: Karl Elser Druck GmbH, Mühlacker

Schiller und die Frauen

Die Mutter
Die Schwestern
Ludovike Simanowiz
„Laura“ Vischer
Henriette von Wolzogen
Charlotte von Wolzogen
Sophie Albrecht
Karoline Ziegler
Katharina Baumann
Margaretha Schwan
Charlotte von Kalb
Henriette von Arnim
Caroline von Beulwitz-Wolzogen
Lottte von Lengefeld
Sophie Mereau-Brentano
Karoline Paulus
Karoline von Humboldt
Amalie von Imhof
Luise Brachmann
Sophie von La Roche
Madame de Stael
Luise von Göchhausen

Weibliche Figuren in seinen Dramen:

Amalia, Leonore, Julia
Luise Millerin, Lady Milford
Elisabeth von Valois, Prinzessin Eboli
Herzogin von Friedland, Gräfin Terzky, Thekla
Maria Stuart, Elisabeth von England
Johanna von Orleans, Agnes Sorel
Hedwig, Gertrud, Berta von Bruneck

Friedrich Schiller

Lebensdaten von Friedrich Schiller

1759	10. November in Marbach geboren. Vater Johann Caspar Schiller (1723-1796) Mutter Elisabetha, geb. Kodweiß (1732-1802)
1764	Umzug der Familie nach Lorch
1766	Übersiedlung nach Ludwigsburg
1773	Eintritt in die „Militär-Pflanzschule“
1780	Regimentsmedikus in Stuttgart (bis 1782)
1782	Uraufführung der „Räuber“ in Mannheim
1783	in Bauerbach bei Frau von Wolzogen
1784	Theaterdichter in Mannheim (bis 1785)
1784	Uraufführung von „Fiesco“ in Mannheim und „Kabale und Liebe“ in Frankfurt
1785	in Leipzig, Dresden, Tharandt (bis 1787)
1787	Uraufführung von „Don Carlos“ in Hamburg
1788	in Weimar, ab 1789 Professor in Jena
1790	22. Februar Heirat mit Charlotte von Lengefeld
1793	in Heilbronn, Ludwigsburg, Stuttgart, Geburt von Sohn Karl am 14. September 1793
1794	Jena, Beginn der Freundschaft mit Goethe
1796	11. Juli Geburt von Sohn Ernst Herausgabe der Zeitschrift „Die Horen“
1797	Das „Balladenjahr“, zusammen mit Goethe
1798	Uraufführung von „Wallensteins Lager“
1799	„Die Piccolomini“ und „Wallensteins Tod“, Geburt von Tochter Caroline. Nach Weimar
1799	Uraufführung von „Maria Stuart“ in Weimar und „Die Jungfrau von Orleans“ in Leipzig
1802	Adelsverleihung durch Kaiser Franz II. Joseph
1803	Uraufführung „Die Braut von Messina“
1804	Uraufführung von „Wilhelm Tell“ in Weimar, 25. Juli Geburt von Tochter Emilie
1805	Schiller stirbt am 9. Mai, Beisetzung in Weimar

Schillers Frauen

Wenn wir Schillers Liebesleben mit dem von Goethe oder Mörike vergleichen, so scheint es weniger von Leidenschaften geschüttelt als das der anderen Dichter. War Friedrich weniger emotional? Konnte er sich besser beherrschen, war er disziplinierter? Oder lag es an den Frauen, denen er begegnete? War keine verführerische „Peregrina", keine römische „Faustina" darunter? Keine herrschsüchtige Grete von Speeth, keine spröde Charlotte von Stein, kein schlichtes Gemüt wie Christiane Vulpius?

Goethe und Mörike mussten auf ihre Traumfrau verzichten und heirateten schließlich ein weibliches Wesen, das ihren Haushalt in Ordnung hielt, aber von der Arbeit ihres Mannes nichts verstand und ihm geistig nicht ebenbürtig war. Schiller und Justinus Kerner dagegen fanden Ehefrauen, die den Haushalt führten, die Kinder erzogen, die Familie zusammenhielten, Verständnis für ihre Männer hatten und noch dazu anregende Gesprächspartnerinnen waren.

Schillers Leben vom 10. November 1759 bis 9. Mai 1805 und sein Werk sind im „Schillerjahr" 2005 Gegenstand zahlreicher Retrospektiven. Inhalt des hier vorliegenden Beitrags ist sein Arbeitsalltag, sind die Frauen und Männer, die ihn umgaben, förderten, beflügelten, behinderten, beneideten und begehrten. Wir werden sehen, dass auch Schiller in jungen Jahren ungebärdig war und sich häufig verliebte. Am 30. März 1789 schrieb er an seinen Freund Christian Gottfried Körner in Dresden: *„Jeder sinnlichen Begierde liegt ein gewisser Drang zugrunde, den Gegenstand dieser Begierde sich einzuverleiben, in sich hineinzureißen - von der Lust des Gaumens an bis auf die sinnliche Liebe. Die sinnliche Liebe zerstört ihren Gegenstand..."*

Eine liebeswillige verheiratete Frau, der er mit 24 Jahren begegnete, und sein an Kant geschulter Verstand bewahrten ihn davor, der rein physischen Sinnlichkeit gegenüber zu kapitulieren. Dass er, im Gegensatz zu Goethe, sehr schnell mit Heiratsanträgen bei der Hand war, lässt sich psychologisch erklären. Die unruhigen Kinderjahre mit häufigem Wohnungswechsel, der Drill in der Militär-Schule, seine jahrelange „Unbehaustheit" und seine häufigen Krankheiten bewirkten, dass er keine Zeit für unverbindliche Bemühungen vergeuden mochte (Goethe warb sechs Jahre lang vergeblich um Frau von Stein und benutzte dafür den Ausdruck „Noviziat" - das Wort für mönchische Enthaltsamkeit!). Schiller wollte auf Dauer angelegte Beziehungen, doch überschätzte der lang aufgeschossene Rotschopf ohne festes Einkommen wohl seine Attraktivität für potenzielle Schwiegermütter! Dass er mit seinen ersten beiden schriftlichen Anträgen (Charlotte v. Wolzogen, Margaretha Schwan) scheiterte, hat ihn nicht entmutigt. Die dritte Heiratsaspirantin, Frau von Kalb, gab er nach fünf Jahren selber auf und traf beim vierten Mal eine gute, für sich und sein Werk förderliche Wahl.

Schillers Eltern

Dem Verhältnis zu seinen Eltern dürften die unruhigen Wanderjahre seiner frühen Kindheit nicht gut getan haben. Erst vom 7. bis 14. Lebensjahr konnten sie ihm eine geordnete Häuslichkeit in Ludwigsburg bieten. Weitere sieben
Jugendjahre verbrachte Schiller in der kasernierten Zucht von Herzog Carl Eugens „Militär-Pflanzschule", wo Elternbesuche verboten waren. Über diese Zeit schrieb er am 25. August 1789 an Caroline von Beulwitz: *„An meinem Wesen haben Schicksale sehr gewaltsam gezerrt. Durch eine traurige, düst're Jugend schritt ich ins Leben hinein, und eine herz- und geistlose Erziehung hemmte bei mir die leichte, schöne Bewegung der ersten werdenden Gefühle. Den Schatten, den dieser unselige Anfang des Lebens in mir angerichtet hat, fühle ich noch heute."* Durch seine Flucht nach Mannheim im September 1782 entzog er sich endgültig dem Machtbereich des Fürsten, der ihm Schreibverbot auferlegt hatte, und dem Einfluss seiner Familie. Seine Mutter besuchte

ihn zweimal in der Fremde, seinen Vater sah er erst nach elf Jahren wieder: bei seinem Aufenthalt mit Frau und Sohn1793/94 in Ludwigsburg und Stuttgart.

Die erste Frau in Schillers Leben

Die Mutter

Elisabetha Dorothea Kodweiß wurde am 13. Dezember 1732 als Tochter des Bäckers und Wirts „Zum Goldenen Löwen" in Marbach am Neckar geboren - sie war also fast gleich alt wie Goethes Mutter (1731-1808)! Mit 16 Jahren heiratete sie den in Bittenfeld als Sohn eines Bäckers am 27. Oktober 1723 geborenen Barbier und Wundarzt Johann Caspar Schiller. Das Los einer kleinbürgerlichen Ehefrau war unlösbar an das Schicksal ihres Mannes gekoppelt. 1728 gab Johann Caspar seine Praxis auf und trat als Feldscher in das Ludwigsburger Regiment von Prinz Louis ein. Elisabetha blieb zunächst in Marbach und erlebte 1756 den Ruin ihres Vaters. Am 4. September 1757 bekam sie ihr erstes Kind, Elisabeth Christophine Friederike Von 1758 bis 1763 wohnte sie zur Miete in dem winzigen Häuschen des Ledergerbers Ulrich Schöllkopf, das heute als „Schillers Geburtshaus" eine Touristenattraktion ist. Dort bekam sie am 10. November 1759 einen Sohn, der die Namen Johann Friedrich Christoph erhielt. Im Januar 1760 reiste die 27-Jährige mit den kleinen Kindern nach Würzburg, wo ihr Mann stationiert war, später besuchte sie ihn für kurze Zeit in Vaihingen und Cannstatt. Als ihr Sohn drei Jahre alt war, wurde Johann Caspar Werbeoffizier in Schwäbisch Gmünd. Die Familie fand eine Bleibe in Lorch, dort wurde 1766 die zweite Tochter geboren, Luise Katharina Dorothea. Im Herbst musste Elisabetha mit den drei Kindern wieder umziehen: Johann Caspar war nach Ludwigsburg versetzt worden. Er begann als Fähnrich, später wurde er Kompaniechef. Von 1766 bis 1775 lebte die Familie zunächst in der Hinteren Schloss-

Straße (heute Mömpelgardstraße 26), später im so genannten Cotta-Haus in der Stuttgarter Straße. Fritz besuchte die Lateinschule. Aus dieser Zeit stammt die Geschichte vom „Segen des jungen Genies".

Im Jahr 1768 standen zwei Buben vor der Schule in der Oberen Marktstraße. Manne war zehn Jahre alt, der Rotschopf Fritz ein Jahr jünger. „Bloß gut, dass wir den Katechismus auswendig gelernt haben", sagte Manne, „sonst hätte der Präzeptor den Stecken auf unserem Rücken tanzen lassen. Zwei Kreuzer als Belohnung sind besser." Fritz schaute versonnen auf die beiden Kupfermünzen in seiner Hand. „Was machen wir mit so viel Geld?" „Wir kaufen uns ein Vesper auf dem Hartenecker Schlössle", schlug Manne vor. Die beiden Freunde liefen am Residenzschloss vorbei und durchs Schorndorfer Tor hinaus in die angrenzenden Felder. Als sie das Schlossgut Harteneck erreichten, war es zu früh fürs abendliche Melken und die Milch vom Frühmelken war schon verbraucht. „Dann nehmen wir einen Vierling Käse", schlug Fritz vor. „Das Viertele Käs' koscht' vier Kreuzer", erklärte die Wirtschafterin. „Zu teuer", gab Manne zu bedenken, „dann haben wir kein Brot zum Käse." Sie verließen die ungastliche Stätte, rannten den steilen Berg hinab, überquerten die 1757 erbaute hölzerne Brücke über den Neckar und kehrten vergeblich bei drei Wirtschaften in Neckarweihingen ein. Erst im vierten Gasthaus bekamen sie kalte Milch in einer reinlichen Zinnschüsel und silberne Löffel dazu. Die Wirtin gab ihnen so viel Brot, dass sie in die Milch einbrocken und noch etwas für den Heimweg einstecken konnten. Einen Kreuzer behielten sie übrig, davon kauften sie auf dem Rückweg in der Allee in Ludwigsburg einen Wecken und eine Handvoll Träuble, die sie brüderlich teilten. Doch vorher kletterten sie auf den Hungerberg, von wo aus sie Schloss Harteneck und das Dorf Neckarweihingen überblicken konnten. Der kleine Fritz hob beide Arme, segnete das Wirtshaus, in dem sie gut versorgt worden waren - und verfluchte Harteneck und die anderen Wirtschaften mit so poetischen Worten, dass Immanuel Gottlieb Ewert, genannt Manne, Schillers Schulkamerad und späterer Kommilitone beim Medizinstudium an der Militärakademie in Stuttgart, sie bis an sein Lebensende nicht vergaß...

Im Januar 1773, mit 13 Jahren, musste Fritz auf Befehl des Herzogs in die „Militär-Pflanzschule" eintreten. Sein Vater soll mit ihm zu Fuß von Ludwigsburg zum Schloss Solitude gewandert sein. Von 1775 bis zu seinem Tod am 7. September 1796 arbeitete Johann Caspar Schiller als Herzoglicher Garteninspektor auf der Solitude, wo er große Obstplantagen anlegte. Die Familie wohnte in einem Seitenflügel, dort kam 1777 Elisabethas jüngste Tochter zur Welt: Caroline Christiane (Nanette).

In den Briefen an ihren Sohn erscheint Elisabetha als eine schlichte Frau, die ihre Lebensaufgabe darin sah, den Alltag zu bewältigen. Ständig war sie in Sorge um den schlechten Gesundheitszustand ihres Fritz, auf dessen Erfolge sie stolz war. Nur einmal beklagte sie sich in einem Brief über die raue, herrische Art ihres Mannes, der sich nicht genügend um die Ausbildung der Töchter kümmere und im Alter immer unzugänglicher werde. Humor sucht man in ihren Briefen vergebens. Freunde lobten ihre Nachsicht und Geduld, die man auch auf dem Portrait erkennen kann, das Ludovike Simanowiz 1793 von ihr malte. Der plötzliche Tod ihrer jüngsten Tochter am 23. März 1796, ein halbes Jahr vor dem Ableben ihres Mannes, traf die Mutter hart. Johann Caspar Schiller und seine Tochter Nanette wurden auf dem Rappenberger Friedhof in Gerlingen beerdigt - heute sind die Gräber aufgelöst, aber eine Plakette an der Kirchenwand erinnert an die prominenten Toten.

Als Witwensitz erhielt Elisabetha eine Dreizimmer-Wohnung im Leonberger Schloss. Dort konnte sie endlich die von Dannecker geschaffene Büste ihres berühmten Sohnes aufstellen. Sie fühlte sich wohl, stellte keine Ansprüche, richtete sich in ihrem Witwenstand ein. Während eines Besuchs bei ihrer Tochter Luise in Cleversulzbach starb Elisabetha am 29. April 1802 an Gebärmutterkrebs. Bekanntlich fand Eduard Mörike als Pfarrer in Cleversulzbach 1835 ihre verwahrloste Grabstelle. Er richtete sie her und stellte ein Kreuz auf mit der schlichten Aufschrift: *Schillers Mutter.*

Die Schwestern

Christophine, Luise und Nanette

Eine große Rolle im Leben von Johann Wolfgang Goethe und Eduard Mörike spielten in ihren Jugendjahren die früh verstorbenen Schwestern Cornelia Goethe (1750-1777) respektive Louise Mörike (1798-1827). Goethe schrieb: *„Mit meiner Schwester ist mir so eine starke Wurzel, die mich an der Erde hielt, abgehauen worden."* Mörike befolgte den Rat seiner Schwester, trennte sich von der schönen Maria Meyer - und litt sein Leben lang unter dieser unerfüllten Liebe.

Für Schillers Leben hatten seine drei Schwestern offenbar geringere Bedeutung. Wir begegnen ihnen als Briefpartnerinnen von Schillers Frau, auch Berichte über gegenseitige Besuche liegen vor. Die Schwestern führten ihr eigenes bürgerliches Leben und fühlten sich als „quantité négligable" neben dem berühmten Bruder, den sie bewunderten, aber nicht ganz verstanden. Nach seinem Tod halfen sie seiner Witwe und deren Schwester Caroline bei der Aufarbeitung seines Nachlasses.

Christophine (1757-1847) heiratete am 22. Juni 1786 mit 28 Jahren, gegen den Willen ihres Bruders, dessen ehemaligen Berater Friedrich Wilhelm Reinwald (1737-1815). Über seinen Schwager schrieb Schiller im Juni 1799 an Goethe: *„Er ist ein fleißiger, nicht ganz ungeschickter Philister... aus einem kleinstädtischen Ort, durch Verhältnisse gedrückt und beschränkt, durch hypo-chondrische Kränklichkeit noch mehr darniedergebeugt. Sonst in neueren Sprachen und in der deutschen Sprachforschung, auch in gewissen Literaturfächern nicht unbewandert... er mag in Meiningen, wo er Bibliothekar ist, noch vorzüglich sein."* Christophines Leben an der Seite dieses Mannes war wohl wenig spannend. Obwohl nicht besonders glücklich, hat sie nicht versucht, aus dem Joch ihrer Ehe auszubrechen. Sie galt als zuverlässig und treu. Das bewies sie auch, als Franz Simanowiz 1827 starb: sie fuhr extra von Meiningen nach Ludwigsburg, um ihrer Freundin Ludovike beizustehen.

Luise (1766-1836) lebte bis zu ihrer Heirat 1799 bei ihrer Mutter und unterstützte sie bei der schwierigen Pflege des krebskranken Vaters. In seinen Briefen dankte Schiller ihr dafür und lobte ihren selbstlosen Einsatz. Am 13. Oktober 1799 heiratete sie Johann Gottlieb Frankh, Pfarrer in Cleversulzbach. 1801 besuchte ihre Mutter sie zum ersten Mal und erlebte die Geburt einer Enkelin, die nach 17 Tagen starb. Beim dritten Besuch starb die Mutter und wurde in Cleversulzbach beerdigt. Nach Schillers Tod unterstützte Luise ihre Schwägerin Lotte und die Kinder bei der Bewältigung seines Nachlasses. Ihre Notizen über die frühen Jahre des Bruders stellte sie Lottes Schwester Caroline von Wolzogen für deren Schillerbiografie zur Verfügung.

Karoline Christiane, genannt **Nanette** (1777-1796), die zärtlich geliebte Jüngste, wurde von Zeitgenossen als schön und hoch begabt geschildert. Auch von ihr existiert ein

Portrait der Malerin Ludovike Simanowiz. Nanette und Luise waren für den Bruder als Pflegerinnen der Eltern wichtig, denn erst als arrivierter Schriftsteller (er gilt als der erste deutsche Autor, der vom Schreiben allein leben wollte) war er in der Lage, seine Mutter zu unterstützen: mit 30 Gulden, vierteljährlich von Verleger Cotta in Tübingen überwiesen. Die Trauer um Nanette teilte der Bruder mit allen, die sie kannten.

Ludovike Simanowiz (1759-1827)

Die gleichaltrige Ludovike Reichenbach war eine Jugendgespielin des kleinen Fritz. Mit Schillers älterer Schwester Christophine verband sie eine lebenslange Freundschaft. Die jüngere Schwester Luise schrieb später:

„Fritz hat die Ludovike sehr gern im Umgang gehabt." Ludovike lebte als Tochter des Regiments-medicus Jeremias Reichenbach (1725-1810) und seiner Frau Susanne, geb. Schwegler (1733-1787) seit 1762 im Haus in der Hinteren Schloss-Straße zu Ludwigsburg, in das die Familie Schiller 1766 einzog. Ludovikes Wunsch, Malerin zu werden, war ungewöhnlich zu ihrer Zeit.

Im Laufe ihrer Ausbildung traf sie in Paris ihr Vorbild, die berühmte schwäbische Malerin Angelika Kauffmann (1741-1807), auch Madame de Stael (1766-1814) und deren Vater, den französischen Minister Jacques Necker. Nach dem Tod seiner Frau Susanne im Jahre 1787 fand der 62-jährige Vater Reichenbach Aufnahme „bei den guten Schillers," wie Franz Simanowiz seiner Verlobten mitteilte. Ludovike erlebte die Wirren der französischen Revolution in Paris, fühlte sich als Bürgerliche aber nicht gefährdet. 1790 kehrte sie nach Ludwigsburg zurück und heiratete 1791 den Offizier Franz Simanowiz (1753-1827). 1793 malte sie das Bild von Schillers Mutter und schickte es nach Jena. Schiller bedankte sich am 24. Juni:

„Schon seit langer Zeit habe ich mir das Vergnügen vorbehalten, meiner bewunderten und verehrungs- würdigen Landsmännin für das schöne Geschenk Dank zu sagen, das Sie mir mit dem Bild meiner Mutter gemacht hat." Er nannte sie „meine vortreffliche Freundin" und schloss *„mit der aufrichtigsten Hochachtung und Freundschaft"* als ihr *„ewig ergebener Friedrich Schiller"*. Bei seinem Besuch in Ludwigsburg 1793-1794 malte Ludovike das berühmte Portrait des Dichters, auch Bilder seines Vaters und der Schwestern.

Lebenslange Freundschaft verband sie auch mit der in Schorndorf geborenen Karoline Paulus, die in Jena zum engsten Kreis um Schiller und Goethe gehörte.

Über die Malerin Simanowiz erschien bereits 1847 das Buch „Ludovike" von Friederike Klaiber, 1937 eine weitere Biografie von Max Scheffold, in neuerer Zeit von Utta Keppler „Ludovike Simanowiz, die Malerin. Ein Frauenschicksal aus der Schillerzeit" (Stieglitz 1985), das alle Aspekte dieses bewegten Frauenlebens nachzeichnet.

Louise Dorothea Vischer („Laura“)

In Schillers Zeit als Regimentsmedikus in Stuttgart 1780-1782 wohnte er mit seinem Freund Franz Josef Kapf zur Miete bei der Hauptmannswitwe Louise Dorothea Vischer, die er in „Oden an Laura“ besang. Inwieweit die in den Gedichten erwähnten Küsse und die „Wollust“ der Wirklichkeit entsprachen und nicht nur jugendlichem Wunschdenken, sei dahingestellt.

Henriette von Wolzogen (1746-1788)

Frau von Wolzogen gewährte Schiller nach seiner überstürzten Flucht aus Stuttgart und dem zunächst fehlgeschlagenen Versuch, in Mannheim Fuß zu fassen, vom 7. Dezember 1882 bis zum 24. Juli 1783 Unterschlupf auf ihrem Gut Bauerbach bei Meiningen in Thüringen. *„Sie war mir alles, was nur eine Mutter mir hätte sein können“*, schrieb Schiller. Er befreundete sich mit Henriettes Söhnen, vor allem mit Wilhelm, seinem späteren Schwager, und verliebte sich in Charlotte, die 16-jährige Tochter seiner Gönnerin. Brieflich hielt er um ihre Hand an und erklärte, sogar das Schreiben aufgeben zu wollen, um mit „Lotte“ in Bauerbach zu leben. Mutter Henriette dämpfte seine Erwartungen, andere Bewerber erregten Schillers Eifersucht, trotzig verließ er das Haus, blieb aber zeitlebens ein Freund der Familie.

Drei Schauspielerinnen

Vom 9. Juli 1783 bis 9. April 1785 wurde Schiller durch den Intendanten Wolfgang Heribert von Dalberg (1750-1806) am Mannheimer Theater angestellt. Er verliebte sich in Sophie Albrecht, die Darstellerin seiner Luise in „Kabale und Liebe“. Auch zu den jungen Darstellerinnen Karoline Ziegler (17) und Katharina Baumann (19) fühlte er sich hingezogen. An Frau von Wolzogen schrieb er: „*Diese und einige andere machen mir zuweilen eine angenehme Stunde, denn ich bekenne gern, dass mir das schöne Geschlecht von Seiten des Umgangs gar nicht zuwider ist.*" An anderer Stelle gestand er: „*Es ist sonderbar, ich liebe die herzlich empfindende Natur, und eine Kokette... kann mich fesseln. Jede hat eine unfehlbare Macht auf mich durch meine Eitelkeit und Sinnlichkeit. Entzünden kann mich keine, aber beunruhigen genug.*" Sein jugendliches Feuer führte offenbar zu keiner tieferen Bindung an die jungen Darstellerinnen. Über seine „wilden Jahre" in Mannheim schrieb der brave Ehemann und Vater am 9.Dezember 1794 (im Rückblick!): „*Von... einer theatralischen Wirtschaft und Liebschaft kann ich mit vieler Kompetenz urteilen, indem ich mit beidem besser bekannt bin, als ich zu wünschen Ursache habe.*" Sophie Albrecht begegnete er später in unterschiedlichen Rollen auf verschiedenen Bühnen und lernte durch sie bei einem Gastspiel in Dresden 1787 auch Henriette von Arnim näher kennen.

Margaretha Schwan

In Mannheim verkehrte Schiller seit dem Sommer 1784 im Haus des Buchhändlers Schwan und machte der 18-jährigen Tochter Margaretha den Hof. Am 24. April 1785 hielt er sogar um ihre Hand an. Vater Schwan notierte am Rand von Schillers Brief, er habe die Entscheidung seiner Tochter überlassen. „*Warum aus der Sache nichts geworden, ist mir ein Rätsel geblieben. Glücklich wäre Schiller mit meiner Tochter nicht gewesen.*"

Charlotte von Kalb (1761-1843)

Charlotte Marschalk von Ostheim wuchs als Waise in Meiningen auf und ging 1783 eine Versorgungsehe mit dem Offizier Heinrich von Kalb ein, der in Landau Dienst tat (und sich 1806 erschoss). Am 9. Mai 1784 lernte sie, mit ihrem Mann zusammen, in Mannheim den von beiden verehrten Dichter kennen. Sigrid Damm schreibt in ihrem Buch „Das Leben des Friedrich Schiller“ (S.47): *„Diese Frau bekommt für Schiller eine ähnliche Bedeutung wie Charlotte von Stein für denjungen Goethe. Sie wird Schiller, obgleich jünger als er, Erzieherin, Kritikerin, Gesprächspartnerin, Freundin, Vertraute. Und sie wird wohl auch seine Geliebte.“*

Hochschwanger verlegte sie ihren Wohnsitz in Schillers Nähe nach Mannheim, der junge Theaterdichter besuchte sie täglich. Am 8. September 1784 brachte sie einen Sohn zur Welt, den sie Friedrich nannte, dann ebnete sie Schiller den Weg zu Hofkreisen. Am 26. Dezember 1784 durfte er den ersten Akt von „Don Carlos“ am Darmstädter Fürstenhof vorlesen. Herzog Karl August von Sachsen-Weimar-Eisenach war zugegen und verlieh Schiller den Titel eines Weimarischen Rats. „Für einen, der von seinem Landesvater mit Schreibverbot belegt wurde, bedeutet diese Geste viel“, schreibt Sigrid Damm. Die Liebenden machten Pläne für ein gemeinsames Leben, aber Heinrich von Kalb widersetzte sich der Scheidung. Am 9. April 1785 verließ Schiller Mannheim. Hoch verschuldet und sehr verzweifelt fand er Zuflucht bei den Leipziger Freunden Christian Gottfried Körner, Minna Stock und Ludwig Huber, der mit Minnas Schwester Dora verlobt war. Im August heiratete Körner und zog mit Minna nach Dresden, Schiller folgte ihnen. Auch Charlotte von Kalb verließ Mannheim, lebte ab April 1786 auf ihrem Gut Artern im Unstruttal und zog im Juni 1787 nach Weimar. Schiller folgte ihr einen Monat später. Schon am Abend seiner Ankunft besuchte er sie in ihrer Wohnung Esplanade 98. Sie beschlossen, „kein Geheimnis aus unserem Verhältnis“ zu machen. In Weimar lebten Goethe, Herder, Wieland, die

Residenz galt als „Musenhof". Als Schiller, nicht zuletzt durch Goethes Vermittlung, eine Stelle als Professor an der Jenaer Universität bekam, reiste Frau von Kalb mit ihm von Weimar nach Jena, wo er sich in historische Studien stürzte. Da er ein besessener Arbeiter war, fand er keine Zeit mehr für „poetische Produktionen". Goethe bestätigte in einem seiner Briefe: *„Die Posie verlangt, ja sie gebietet Sammlung, sie isoliert den Menschen wider seinen Willen... und ist in der breiten Welt (um nicht zu sagen in der großen) so unbequem wie eine treue Liebhaberin."* In Jena verfasste Schiller seine großen historischen Werke und wollte *„Deutschlands größter Geschichtsschreiber"* werden. Doch seine Tatkraft wurde immer wieder durch Krankheit beeinträchtigt. Mit Ende Zwanzig musste er erkennen, dass Charlotte von Kalb, ein eigenständiges, anspruchsvolles, umtriebiges Mitglied der höfischen Gesellschaft, nicht die Frau war, in deren Obhut er ungestört arbeiten konnte. Er *„brauche ein Geschöpf, das ihm ganz ergeben sei"* und gut wirtschaften könne, schrieb er an Körner. Seine Verlobung mit Lotte von Lengefeld beendete die langjährige Liebesbeziehung. Leider vernichtete Frau von Kalb alle Briefe. Kurz vor seiner Hochzeit im Februar 1790 begegnete Schiller ihr im Haus der Frau von Stein und schrieb: *„Wir waren ganz kalt gegen- einander."* Später entspannte sich das Verhältnis, sie trafen sich bei gesellschaftlichen Anlässen. Frau von Stein wurde im Juni 1796 von Charlotte von Kalb gepflegt. Bei einem Besuch der beiden Charlotten bei Familie Schiller in Jena diskutierte man lebhaft über den „Wilhelm Meister", an dem Goethe gerade arbeitete. Schiller vermittelte seiner Ex-Geliebten den Dichter Friedrich Hölderlin als Hauslehrer für ihren Sohn, auch mit diesem begann sie wohl (trotz Diotima?) eine Liebesbeziehung. 1796 begeisterte sie sich für Jean Paul (Richter, 1763-1825), derin seinem Roman „Titan" den Geniekult und die höfische Bildung der Weimarer Klassik kritisierte und Charlotte von Kalb in der Figur der *Linda de Romero* ein Denkmal setzte. Auch er heiratete nicht sie, sondern eine weniger anstrengende Frau, die biedere Caroline Meyer.

Charlotte von Kalb wurde Patin von Schillers Sohn Ernst und war häufig zu Besuch in Jena: Dezember 1794, August 1795, Januar 1796. Im Januar 1798 schrieb Schiller an Goethe: *„Charlotte Kalb soll wirklich in Gefahr sein, blind zu werden, sie wäre doch sehr zu beklagen."* Und Goethe bestätigte: *„Unsere arme Freundin Kalb ist schon des besten Gebrauchs ihres Gesichtes beraubt."* Schillers innere Abkehr von ihr dokumentiert sein Brief vom 6.April 1798:

„Heute mittag, als ich aufstand und mich nach Ihnen erkundigte, fand ich unsere unglückselige Charlotte, die ich länger als ein Jahr nicht gesehen... Sie ist womöglich noch materieller geworden, und ihr gespanntes, freudloses, unerquickliches Dasein hat mir keine gute Stimmung gegeben."

Charlotte von Kalb war, wie viele Damen bei Hofe, in der Literatur zu Hause. Sie schrieb Gedichte und den Roman „Cornelia" (1851 posthum veröffentlicht), sowie ihre Memoiren „Charlotte" (1879).

Henriette von Arnim

Der 19-jährigen Tochter einer Dresdener Hofdame begegnete Schiller im Februar 1787 auf einem Maskenball. Nach einem Wiedersehen bei der Schauspielerin Sophie Albrecht verbrachte er seine Abende im Haus der Frau von Arnim. Körner warnte den mittellosen Freund, er habe in der standesbewussten Familie keine Zukunft, und brachte Schiller für eine Weile fern von Dresden in Tharandt unter. Schiller widmete dem verehrten Mädchen das Gedicht *„An Marie Henriette Elisabeth von Arnim"*. Aber wieder tauchte ein reicher Heiratskandidat auf, und Schiller zog sich zurück.

Caroline von Beulwitz (1763-1847)

Vom 21. November bis 6. Dezember 1787 besuchte Schiller seine Schwester Christophine, genannt Fine, in Meiningen und seine Gönnerin Henriette von Wolzogen (ein Jahr vor ihrem Tod) auf ihrem Gut Bauerbach. Mit deren ältestem Sohn Wilhelm Friedrich ritt er auf dem Rückweg nach Rudolstadt, um Wilhelms Tante Luise von Lengefeld und deren Töchter Caroline und Charlotte aufzusuchen. *„Beide Geschöpfe sind, ohne schön zu sein, anziehend und gefallen mir sehr“*, schrieb Schiller. Nach ihrem Besuch übernachteten die Freunde im Gasthof „Zur Goldenen Gabel“ und reisten am 7. Dezember 1787 nach Weimar zurück. Zur Verwunderung seiner Freunde stellte der Dichter bereits am folgenden Tag einen realistischen Lebensplan auf. *„Ich sehne mich nach einer bürgerlichen und häuslichen Existenz“*, schrieb er an Ludwig Huber. Der Gedanke an Heirat vor dem 30. Lebensjahr wurde zur fixen Idee. Er träumte von „glücklicher Ruhe“ für sein Herz, Freiheit für den Geist und leidenschaftsloser Muße zur Arbeit. *„Die stillen Freuden des häuslichen Lebens würden... meine Seele von tausend wilden Affekten reinigen, die mich ewig herumzerren... Häuslichkeit (ist) das einzige, was mich noch heilen kann.“* Er fühlte sich als Hypochonder, sein Inneres sei *„eine fatale Kette von Spannung und Ermattung, Opiumschlummer und Champagnerrausch“*, behauptete er. Freund Körner warnte, eine bürgerliche Existenz wäre das Ende seines Künstlertums. Am 7. Januar 1788 entgegnete Schiller, wegen seiner Schulden suche er eine vermögende Frau, zum Beispiel Wielands Tochter Caroline, auch Hofrat Eckardt in Jena habe eine unverheiratete Tochter (die er aber nicht mag), ein Fräulein Seydler gefalle ihm *„nicht übel“*, eine Tochter des Weimarer Regierungsmitglieds Johann Schmidt *„würde mir auch ohne ihr Geld gerade nicht missfallen“*, aber sie sei *„so gut als verkuppelt an einen reichen Frankfurter...“* Diese halb scherzhaften Hinweise waren jedoch Augenwischerei. Zu dieser Zeit hatte er (trotz Frau von Kalb, die immer noch auf eine Legalisierung ihres Verhältnisses hoffte!)

bereits eine enge Beziehung zu den Schwestern Lengefeld aufgebaut. Er genoss die Zuneigung beider Frauen, ohne sich festzulegen. Caroline, die erfahrene, leidenschaftlich liebende Frau, war seit 1784 verheiratet mit Ludwig von Beulwitz, dem viel älteren Berater ihrer verwitweten Mutter. Lotte, die ruhige und zurückhaltende jüngere Schwester, genannt „Dezenz", trauerte einer alten Liebe nach, auch machte ihr Karl-Ludwig von Knebel den Hof. Schiller glaubte an die Möglichkeit eines Lebens zu Dritt, wie es Gottfried August Bürger mit seiner Frau und deren Schwester vorlebte! Beide Schwestern liebten Schiller. Wilhelm von Humboldt schrieb 1789 an seine Braut Karoline von Dacheröden: *„Wenn ich Carolinen ansah, über ihn hingelehnt... den Ausdruck der höchsten Liebe in jedem Zuge... ich kanns dir nicht schildern, wie mirs dann ward. Denn es war kein freies Äußern, kein Hingeben an die Empfindung, alles gehalten, alles gespannt. So viel Fähigkeit, zu geben und zu genießen, und die gehemmt..."*

Lotte wartete ab, widersprach nicht, reagierte mit Sanftmut, mit Schweigen. Die erfahrene Caroline löste schließlich den gordischen Knoten in der Hoffnung, auf diesem Wege in der Nähe des geliebten Mannes bleiben zu können: Am 3. August 1789 ermunterte sie Schiller, um ihre Schwester anzuhalten. Er tat es, Lotte sagte ja, und Mutter Luise, Erzieherin der Prinzessinnen am Rudolstädter Hof, gab ihren Segen, obwohl Lotte damit ihre Adelsvorrechte verlor (bis 1802, als der Kaiser ihrem Mann den erblichen Adel verlieh und damit seiner Frau die „Wiederzulassung" bei Hofe). Caroline, die sich 1794 von ihrem Mann trennte, ihren Vetter Wilhelm von Wolzogen (1762-1809) heiratete und Sohn Adolf (1795-1825) zur Welt brachte, blieb dem Ehepaar zeitlebens verbunden. Schiller veröffentlichte Gedichte von ihr und beriet sie bei der Niederschrift ihres Romans „Agnes von Lilien", der 1796/97 anonym in der Literaturzeitschrift „Die Horen" abgedruckt wurde. Schiller am 6. Dezember 1796 in einem Brief an Goethe: *„Mit der Agnes von Lilien werden wir... Glück machen; denn alle Stimmen... haben sich dafür erklärt. Sollten Sie es aber* *denken, dass unsere großen hiesigen Kritiker, die Schlegels, nicht einen Augenblick daran gezweifelt, dass das Produkt von Ihnen sei?"* Spöttisch fuhr er fort: *„Ich habe mich bis jetzt noch nicht entschließen können, diese selige Illusion zu zerstören."* Am 12.Dezember fügte er hinzu: *„Mein ehemaliger Schwager Beulwitz nebst seiner Frau haben es mit einem ganz erstaunlichen Interesse und Bewundrung zusammen gelesen, welches sie herzlich verdrießen wird, wenn sie das Wahre erfahren sollten."*

Caroline von Wolzogens letzter Roman „Cordelia" ist heute vergessen, geblieben ist ihre Biografie „Schillers Leben" von 1830. An Schillers Schwester Christophine schrieb sie: *„Es war mir eine schwere Arbeit, die die ganze Vergangenheit und alles verlorene Glück in mir aufwühlte - doch ich konnte sie niemand Fremdem überlassen... Von Ihren an Ernst gerichteten Briefen habe ich viele eingerückt, denn wie innig und liebend Schiller in seinem Familienleben war, musste auch bekannt werden. Alles andere ist noch da, man kann mit der Zeit noch einen Band Briefe daraus machen... Wie schmerzt mich's immer, wenn ich das Wohlhaben der Kinder bedenke, dass er's nicht selber genossen."*

Charlotte von Lengefeld (1766 -1826)

Am 22. Februar 1790 wurden Schiller und Lotte in der Dorfkirche von Wenigenjena getraut. Schiller schrieb über seine Frau, *„dieses holde, liebe Wesen... dessen ganze Glückseligkeit sich in die meinige verliert, verbreitet ein sanftes Licht über mein Dasein."* Am 1. März bekannte er gegenüber seinem Freund Körner: *„Was für ein schönes Leben führe ich jetzt. Ich sehe mit fröhlichem Geist um mich her, und mein Herz findet eine immerwährende sanfte Befriedigung,... mein Geist eine schöne... Nahrung und Erholung. Mein Dasein ist in eine harmonische Gleichheit gerückt; nicht leidenschaftlich gespannt, aber ruhig und hell gingen mir diese Tage dahin."* Im Juni 1790 erwähnte er Körner gegenüber seine *„schöne häusliche Existenz"*, die ihm vierzehn Stunden Arbeit *„lesend und schreibend"* täglich ermöglichte. Am 10. Februar 1791 schrieb Karoline von

Charlotte Schiller geb. von Lengefeld

Dacheröden an ihren Verlobten Wilhelm von Humboldt: *„Du glaubst kaum, wie geändert er ist... glücklicher... Er sprach einmal mit mir von Lottgen und seiner Art, mit ihr zu leben, so recht im Ton der Ruhe... Er sagte sogar, dass er sich überzeugt hätte, dass er mit Carolinen nicht so glücklich gelebt haben würde wie mit Lottgen, sie würden einer an den anderen zu viele Forderungen gemacht haben, und mit einem Wort, ich fühlte, dass sein Herz keinen Wunsch mehr macht, den Lottgen nicht erfüllen könnte. Lottgen selbst ist mehr geworden, ihre Empfindungen haben an Innigkeit gewonnen, ihr Wesen tönt in einem volleren Klang."*

Seine gebildete junge Frau wurde Schiller zur idealen Partnerin. Sie las viel, übersetzte aus dem Französischen, führte zeitweise seine Korrespondenz, bat Goethe um Texte, die sie kopieren wollte, und besprach mit den „dichtenden Freundinnen" Sophie Mereau-Brentano und Amalie von Imhof deren Texte für die „Horen" oder den „Musenalmanach". Gelegentlich versuchte sie sich selbst im Schreiben. Bis 1799 lebte das Ehepaar in Jena, nur kurz unterbrochen durch den Besuch in Ludwigsburg und Stuttgart, wo am 14. September 1793 Sohn Karl Friedrich Ludwig zur Welt kam. Die Ludwigsburgerin Christine Wetzel blieb bis zu ihrem Tod 1814 als Kindermädchen bei der Familie, zwei Dienstmädchen und ein Bursche halfen im Haushalt. Am 11. Juli 1796 wurde Lottes zweiter Sohn geboren und Ernst Friedrich Wilhelm getauft. Die Geburt von Tochter Luise Caroline am 11.Oktober 1799 hätte Lotte fast das Leben gekostet, wochenlang war sie ohne Bewusstsein.

„Ich habe in diesen Tagen sehr gelitten", schrieb Schiller an Goethe. „Meine Frau kann nie allein bleiben und will niemand um sich leiden als mich und meine Schwiegermutter. Ihre Phantasien gehen mir durchs Herz." Er habe „in 6 Tagen drei Nächte ganz durchwacht." Am 28.Oktober war *„die liebe, gute Frau noch immer im Delirio"*, erst am 18. November stellte der Arzt eine leichte Besserung fest.

1794 hatte Schillers Freundschaft und Zusammenarbeit mit Goethe begonnen. Welche Rolle Lotte in dieser Beziehung spielte, wird aus dem „Briefwechsel zwischen Schiller und Goethe“ deutlich. In fast jedem Brief bestellt Schiller Grüße seiner Frau, immer wieder erkundigt sich Goethe nach dem Befinden „Ihrer lieben Frau“ oder grüßt „die Ihrigen“. Dazu gehörten, neben den Kindern (vor allem Karl, Spielgefährte von Goethes Sohn August) oft als Gäste Mutter Luise von Lengefeld und Schwester Caroline mit ihrem zweiten Mann, Wilhelm von Wolzogen. Von der Echtheit und Tiefe ihrer Dichterfreundschaft zeugt Goethes Reaktion auf die schwere Erkrankung von Lotte. Am 26. Oktober 1799 antwortete er auf Schillers Nachricht: *„Ihr Brief, wertester Freund, hat mich auf das unangenehmste überrascht. Unsere Zustände sind so innig verwebt, dass ich das, was Ihnen begegnet, an mir selbst fühle... Ich wünsche nichts sehnlicher, als bald etwas Tröstliches zu hören.“* Während Lottes Krankheit nahmen Goethe und Christiane Vulpius den kleinen Karl zu sich.

Am 3. Dezember 1799 zog Schiller nach Weimar und schrieb am 4. Dezember: *„Unsere Reise ist gut vonstatten gegangen, und meine Frau, die bei Frau von Stein wohnt, hat auf die Troubles des vorigen Tags recht gut geschlafen, ohne eine Spur ihrer alten Zufälle. Der Anfang ist also glücklich gemacht, und ich hoffe das Beste für die Zukunft.“* Lotte erholte sich, Schillers lebten sich schnell in Weimar ein, und der Verkehr mit Goethe wurde verstärkt durch die räumliche Nähe. Mehrmals in der Woche schickte Goethe seine Kutsche, um den Freund abzuholen. Bei Herzoginmutter Anna Amalia und der jungen Herzogin Luise war das Paar zum Tee geladen und gehörte ab 1802 zur Hofgesellschaft. Dass Lotte bei den Premieren der Stücke, die ihr Mann für die Weimarer Bühne einrichtete, unter den Zuhörern saß, versteht sich von selbst. Sie hatte schon von Jena aus das rege kulturelle Leben in Weimar genossen, war mit der Kutsche hinübergefahren, um ins Theater zu gehen oder in geselliger Runde mit Goethe zu frühstücken. Der Dichterfürst war daran interessiert, sich über Lotte, das Patenkind der Frau von Stein, seiner alten Liebe wieder zu nähern, die ihm 1788 nach seiner Rückkehr aus Italien wegen seiner Liaison mit Christiane Vulpius (die auch von Lotte missbilligt wurde!) ihre Huld entzogen hatte. Dass Lotte trotz der Krankheits-Katastrophe von 1799 ihrem Mann liebende Gattin blieb, bewies die Geburt von Tochter Emilie am 25. Juli 1804, zehn Monate vor Schillers Tod. Ihr Kinderlachen soll bei der Trauerfeier zu hören gewesen sein. Noch 21 Jahre lebte Lotte in Weimar, dann zog sie zu ihrem Sohn Ernst nach Köln. 1826 wurde sie in Bonn beerdigt.

Durch ihre ausgleichende Art und ihre Beständigkeit schuf Lotte die Voraussetzungen dafür, dass Schiller, trotz seiner schwachen Gesundheit und seines frühen Todes in den fünfzehn Jahren ihrer Ehe seine Werke schaffen konnte und, in enger Zusammenarbeit und Freundschaft mit Goethe, zu dem Mann und Dichter wurde, den die Welt verehrt.

Karoline von Humboldt (1766-1829)

Seit 1794 lebten Wilhelm von Humboldt (1767-1835) und seine Frau Karoline, geb. von Dacheröden, in Jena am Markt gegenüber dem Kirstenschen Haus, das Familie Schiller bewohnte. Fast jeden Nachmittag oder Abend verbrachten die jungen Paare gemeinsam. Mit Karoline von Dacheröden waren die gleichaltrige Lotte von Lengefeld und ihre Schwester Caroline seit ihrer Jugend befreundet. Karoline hatte eine gute Ausbildung durch den Hauslehrer Zacharias Becker genossen, den sie verehrte. Im „Tugendbund" der Henriette Herz (1764-1847) verliebte sie sich in Carl von La Roche, den Sohn der berühmten Schriftstellerin Sophie von La Roche. 1788 lernte Wilhelm von Humboldt die schöne, geistvolle Karoline kennen, wagte aber keine Annäherung. Ebenso erfolgreich wie bei Schiller (im August 1789) ermunterte Caroline von Beulwitz den 22-Jährigen, sich zu erklären. Wilhelm und Karoline verlobten sich am 16. Dezember 1789 und heirateten im Juni 1791. In Humboldts Biografie (von Herbert Scurla 1976) lesen wir: „Keiner hat eine ihm so ebenbürtige und ihn so fördernde Lebensgefährtin gefunden wie er." In schneller Folge wurden sieben Kinder geboren, von denen Sohn Wilhelm mit acht Jahren und die beiden Jüngsten kurz nach der Geburt starben. Wilhelm und Karoline hatten einander völlige Freiheit zugestanden, verliebten sich hin und wieder in andere, hielten aber an ihrer Gemeinschaft fest. Nach drei Jahren in Jena zogen sie nach Paris, wo Künstler und Gelehrte Gäste in Karolines Salon waren. Goethe begeisterte sich für ihre Kunstschilderungen und veröffentlichte sie in der „Literaturzeitung". Der Briefkontakt nach Weimar riss nie ab, aber die folgenden Jahre belasteten Karolines Kräfte durch die Geburten, Reisen und Umzüge mit der großen Familie. Sie zogen nach Berlin. 1802 wurde Wilhelm preußischer Gesandter in Rom, auch dort entwickelte Karoline ihre geselligen Fähigkeiten. 1809 kehrte die Familie nach Berlin zurück, als Innenminister gründete Wilhelm die Berliner Universität, 1810 wurde er Gesandter in Wien, 1817 in London. Nach seiner Pensionierung 1819 verbrachten die Humboldts zehn Jahre in Tegel mit sprachwissenschaftlichen Arbeiten, dann starb Karoline, Wilhelm sechs Jahre später.

Karoline Paulus (1767-1844)

Herzliche Freundschaft verband Lotte Schiller auch mit der selbstbewussten, talentierten Karoline Paulus, deren Mann Heinrich Orientalist an der Jenaer Universität war. Die Frauen, deren Entfaltung enge Grenzen gesetzt waren, fanden in geistiger Betätigung, Gesprächen, Vorlesen, Musizieren, sowie im Briefeschreiben und Dichten eine Freiheit, die sie in rechtlicher Hinsicht nicht besaßen. Einerseits verband die schwäbische Heimat der Männer die beiden Familien, außerdem hatte Karoline Paulus 1791 ihre Tochter Sophie (später kurz mit August Wilhelm Schlegel verheiratet) und Lotte Schiller 1793 ihren Sohn Karl zur Welt gebracht, das sorgte für Gesprächsthemen auch außerhalb der Literatur. Die Geburt eines Sohnes (der im Alter von 17 Jahren starb) brachte Karoline Paulus an den Rand des Todes, ähnlich wie Lotte Schiller zwei Jahre später! Goethe schrieb am 19. März 1802: *„Unsere hiesigen theologischen Freunde sind... sehr übel dran, so dass ich für ihre Existenz fürchte, und die Natur kann nun wieder eine Weile operieren, bis sie ein so neckisches Wesen zum zweitenmal zusammenbringt."*

Karoline übersetzte aus dem Französischen für die „Historischen Memoires", die Schiller und Heinrich Paulus herausgaben. Unter dem Pseudonym Eleutherie Holberg veröffentlichte sie 1805 den Roman „Wilhelm Dumont", in dem sie gegen die *„Sklaverei"* der Ehe wetterte. Man stelle sich vor, welche Diskussion folgender Text unter den bürgerlichen Frauen in Deutschland auslöste: *„Eine Frau, welche die unsinnigen Gesetze, die unnatürlichen Pflichten der Ehe erfüllen will, muss ihre schönsten Empfindungen, ihre edelsten Regungen, sie muss die ihr, wie jedem menschlichen Wesen, von Gott verliehene Willensfreiheit auf dem Altar der Vorurteile opfern... Will sie aber dies nicht tun, will sie ihre Selbständigkeit, ihre Würde als Mensch zu behaupten suchen, so macht sie ihren Mann unglücklich und verletzt die Pflichten der Ehe. Dies ist der Kontrakt, den die unterdrückte weibliche Menschheit mit der männlichen schließt..."* Auf diesen ersten Roman folgten „Adolf und Virgine", in dem Karolines Freundschaft mit Hegel eine Rolle spielt, und 1811 ein Band Erzählungen. Zahlreiche Briefe belegen ihre liebevolle Beziehung zu der schwäbischen Malerin Ludovike Simanoviz.

Das Ehepaar Paulus wohnte im Haus Unterm Markt 2, für dessen Einrichtung der Kirchenrat Griesbach und seine Frau Friederike gesorgt hatten. Im Griesbachschen Auditorium, dem größten der Stadt, hatte Schiller im Mai 1789 seine Antrittsvorlesung gehalten. 1803 zog die Familie Paulus nach Würzburg, 1811 nach Heidelberg, doch der Briefkontakt mit Schillers blieb bestehen.

Sophie Mereau-Brentano (1770-1806)

Die erfolgreiche Schriftstellerin wurde als Sophie Schubart in Altenburg geboren. Zusammen mit ihrer Schwester

Henriette erhielt sie eine ungewöhnlich gute Ausbildung, unter anderem in den Fremdsprachen Französisch, Italienisch, Spanisch und Englisch. Früh begann sie zu schreiben und strebte nach beruflicher Selbstständigkeit. Doch als der mit Schiller befreundete Professor und Bibliothekar Karl Mereau um sie warb (sechs Jahre lang vergeblich!) lockte die Nähe zu den literarischen Größen in Jena und Weimar. Sie heiratete ihn 1793. In ihrem Haus in Jena, Johannisgasse 16, trafen sich Herder und Fichte, Goethe und Schiller, die Schlegels, Kotzebue, das Ehepaar Paulus, Achim von Arnim und Bettina Brentano, die Brüder Tieck sowie die berühmte Sophie von La Roche. Schon ein Jahr nach der Hochzeit brachte Sophie einen Sohn zur Welt (der jung starb), veröffentlichte ihren ersten Roman „Blütenalter der Empfindung", in dem sie gleiche Rechte für Frauen forderte, und leistete sich ihren ersten Liebhaber. Ihr Mann litt, ließ sie aber gewähren. Der zweite Roman „Amanda und Eduard" festigte ihren Ruhm als Schriftstellerin. Am 18. Juni 1795 schrieb Schiller ihr: *„Entschuldigen Sie, dass ich Ihnen für die überschickten Beiträge zu meinem Almanach nicht früher als heute danke. Mit vielem Vergnügen las ich Ihre Gedichte. Ich entdeckte darin denselben Geist der Kontemplation, der allem aufgedrückt ist, was Sie dichten. Ihre Phantasie liebt zu symbolisieren... Weil leider der Himmel und unsre Erde der eine so trüb und die andere so mager ist, müssen wir sie mit unseren Ideen bevölkern und ausschmücken... Ich habe mir die Freiheit eines Redakteurs genommen und in Ihren Gedichten einiges angestrichen... Sie finden vielleicht Zeit und Lust, diese Kleinigkeiten zu ändern."*

1797 bekam Sophie eine Tochter, die nach der Scheidung 1801 bei ihr blieb. Sie wollte allein leben, aber 1802 traf sie in Weimar den Dichter Clemens Brentano (1778-1842) wieder, der sie anbetete. Sie heiratete den schwierigen Mann und brachte drei Kinder zur Welt, die bald starben. Bei der letzten Geburt 1806 starb sie selbst, 36 Jahre jung - ein in früheren Jahrhunderten häufiges Schicksal, von dem auch aufgeklärte Frauen im 19. Jahrhundert nicht verschont blieben.

Amalie von Imhof (1776-1831)

Amalie, eine Nichte der Frau von Stein, verfasste das Gedicht „Abdallah und Balsora", das im achten Stück der „Horen" erschien, und den Roman „Die Schwestern von Lesbos", der in der 12. (letzten) Ausgabe der „Horen" abgedruckt wurde. Goethe bat Schiller in einem Brief vom 12.August 1797: den Gru *„Halten Sie unsere Agnes (Caroline, die Autorin des Romans „Agnes von Lilien") und Amelie ja recht wert. Man weiß nicht eher, was man an solchen Naturen hat, bis man sich in der breiten Welt nach ähnlichem umsieht. Sie, mein Freund, haben die Gabe, auch lehrend wirksam zu sein, die mir ganz versagt ist, diese beiden Schülerinnen werden gewiss noch manches Gute hervorbringen, wenn sie... etwas mehr von Grundforderungen der Kunst einsehen lernen."*

„Wüssten es nur die allzeit fertigen Urteiler und die leicht fertigen Dilettanten, was es kostet, ein ordentliches Werk zu erzeugen", seufzte Schiller am 31. Mai 1799 und redigierte ihre Werke gewissenhaft.

Luise Brachmann (1778-1822) schrieb die Idylle „Die Kapelle im Walde". Zusammen mit einigen anderen Gedichten erschien sie 1797 im 12. Stück der „Horen".

Sophie von La Roche (1731-1807), Autorin des ersten Frauenromans „Geschichte des Fräuleins von Sternheim", und **Antoine Germaine de Stael** (1766-1814) waren zu Schillers Lebzeiten Gäste in Jena. Auch Susette Gontard, geb. Borkenstein (1769-1802), Hölderlins „Diotima" (er war 1796 Hauslehrer ihres Sohnes), war im Juli 1799 mit Sophie Brentano bei Familie Schiller zu Besuch. Die

Abschrift des Urfaust verdanken wir der verwachsenen, geistreichen Hofdame **Luise von Göchhausen** (1752-1807).

Frauengestalten in Schillers Dramen

Schiller zeichnete verschiedene Frauenprofile in seinen Dramen „Die Räuber" (1782), „Fiesco (1784), „Kabale und Liebe" (1784), „Don Carlos" (1787), „Wallenstein" (Trilogie 1798/99), „Maria Stuart" (1800), „Die Jungfrau von Orleans" (1801), „Die Braut von Messina" (1803) und „Wilhelm Tell" (1804).

Dass die drei aufrührerischen „Sturm und Drang"-Dramen Schillers mit ihrer Kritik an Absolutismus und Feudalismus überhaupt auf öffentlichen Bühnen gespielt wurden, war revolutionär. Da unter Carl Eugen in Württemberg an eine Genehmigung nicht zu denken war, musste Schiller ins „Ausland" gehen: Sein Jugenddrama „Die Räuber" wurde 1782 in Mannheim uraufgeführt.

Die Räuber

Amalia, die treue Braut des „Räubers" Karl Moor, zerbricht am Schicksal des Mannes. Sie ist liebend, zart, edel und opferbereit bis zum Tod - eine der typischen inaktiven Frauenrollen in der Literatur der Zeit.

Die Verschwörung des Fiesco zu Genua

Leonore, die 18-jährige Frau von „Fiesco", Graf von Lavagna, erwartet von ihrem Mann die Erlösung Genuas von dem Tyrannen Gianettino Doria, trägt aber selbst nicht dazu bei. „Typisch weiblich" verübelt sie ihm nur den (vorgetäuschten) Flirt mit Julia, Gianettinos Schwester. Der Tyrann vergewaltigt Verrinas Tochter Bertha, deren Vater sie rächen will. Zitat: „Das Frauenzimmer kann über Misshandlung nur weinen - wozu ist der Mann da?“ Die drei Frauen werden also nicht als mutig handelnde Persönlichkeiten gezeichnet, sondern haben vor allem die Funktion, Auslöser für Männeraktivitäten zu sein.

Kabale und Liebe

Luise Millerin verkörpert Schillers Idealbild von wahrer Liebe, Aufopferung und Treue. Ihre Mutter ist der Prototyp des einfältigen Weibes: „Halt du dein Maul!“ schnauzt Miller sie an. *„Meine Tochter ist zu Höherem gemünzt“*, widerspricht sie. *„Wettermaul! Bist nie dümmer, als wenn du um Gotteswillen gescheit sein solltest!“* flucht ihr Mann.

Das andere Extrem ist **Lady Milford,** sie beherrscht den Fürsten unter Aufgabe ihrer eigenen Integrität. Im Gespräch mit Ferdinand von Walter (den sie haben will, der sich aber aus Liebe zu Luise verweigert) gibt sie zu, aus Selbsterhaltungstrieb rücksichtslos gehandelt zu haben. Sie erkennt ihre Schuld und will sie sühnen.

Don Carlos

Bei seinem vierten Theaterstück nahm der reifer gewordene Autor sich selbst in die Zucht fünffüßiger Jamben - zum ersten Mal benutzte Schiller den durch Shakespeare in Mode gekommenen Blankvers (wie Goethe in Italien bei der Umarbeitung seiner „Iphigenie“). Klassische Strenge zügelte das brausende Pathos der ersten Dramen. *„Zwang bewacht die Frauen Spaniens“* und *„Weh' dem Mann, den weibliches Erröten mutig macht“* sind noch alte Versatzstücke, aber dann zeichnet Schiller zwei starke Frauen: die edle, mutige, liebende **Elisabeth von Valois,** Frau Phipipps II. von Spanien und ehemalige Braut ihres Stiefsohnes Carlos, dessen Liebe zu ihr sie auf das Wohl seines Volkes hinwenden kann. Und die von Hofintrigen verdorbene **Prinzessin Eboli,** deren Liebe Carlos zurückweist. Aus Rache lässt sie sich vom König „verführen" und wird zur Verräterin. Königin Elisabeth ist großmütig, verzeiht ihr und schickt sie ins Kloster. Herzog Alba und der Groß-Inquisitor (als düsterer Racheengel) sind Gegenpole zu Marquis Posa, der Gedankenfreiheit gefordert hatte und sterben muss, weil er zu viel wagte.

Wallenstein

Im Vorspiel „Wallensteins Lager", dem ersten Teil der Trilogie, an der Schiller jahrelang gearbeitet hat, kommt als einzige Frau eine **Marketenderin** ins Bild, zur Abrundung des Lokalkolorits. Köstlich die Kapuziner-Predigt mit viel Latein und Wortspielen, und am Ende das *Reiterlied: „Wohl auf, Kameraden, aufs Pferd, aufs Pferd, in das Feld, in die Freiheit gezogen! Im Felde, da ist der Mann noch was wert, da wird das Herz noch gewogen... und setzet ihr nicht das Leben ein, nie wird euch das Leben gewonnen sein."* Da der Dreißigjährige Krieg (wie alle Kriege) statt Leben zu gewinnen tausendfachen Tod brachte, betrachten manche heute (nach zwei Weltkriegen!) dieses 1797 gedichtete, aus sieben Sechszeilern bestehende Sturm-und-Drang-Lied als Ausdruck unvernünftigen Männlichkeitswahns.

In den historischen Dramen „Die Piccolomini" und „Wallensteins Tod" begegnen uns drei Frauen: die **Herzogin von Friedland,** geborene Gräfin Harrach, Wallensteins zweite Ehefrau; die **Gräfin Terzky,** ihre Schwester; und ihre 18-jährige Tochter **Thekla.**

Die Herzogin kritisiert zwar ihren Gatten, aber sie unterwirft sich seinen Entscheidungen: *„Ihr Wille, wissen Sie, war stets der meine."* Sie bedauert, aus Gründen der Staatsräson mit Wallenstein verheiratet worden zu sein, nimmt das ihr auferlegte Schicksal jedoch an. Vergeblich versucht sie, ihren Mann zum Nachgeben gegenüber

Kaiser Ferdinand zu überreden, und beklagt sich darüber bei ihrer Schwester, der energischen Gräfin Terzky. Diese setzt alles daran, Wallenstein zu helfen, missbraucht sogar die Liebe von Max Piccolomini zu Thekla, um den jungen Bewunderer Wallensteins zum Abfall vom Kaiser zu bewegen. Allerdings sieht sie ihre Rolle als Mahnerin, nicht als Täterin. Zu Thekla sagt sie: *„Das Weib soll sich nicht selber angehören, an fremdes Schicksal ist sie fest gebunden."* Doch der Opfertod ihres geliebten Max hat Thekla, das behütete Mädchen, zur Frau reifen lassen, die erstmals ihre eigene Entscheidung trifft: *„Ernst liegt das Leben vor der ernsten Seele. Dass ich mir selbst gehöre, weiß ich nun."*

Zum ersten Mal weibliche Selbstbestimmung als Thema in Schillers Werk! Allerdings führt sie zum Tod...

Maria Stuart

In diesem Drama fasziniert das Zusammentreffen von zwei starken Frauen (in Wirklichkeit sind sie einander nie begegnet!), die beide schuldig und unschuldig zugleich sind: Maria von Schottland ließ ihren Gatten Darnley töten und heiratete Bothwell, den Mörder - eine schwere Blutschuld. Aber als Gefangene der Königin von England verteidigt sie ihr Recht auf Freiheit und auf den Thron. Elisabeth von England, die als Tochter Heinrichs VIII. ein Recht auf den Thron hat, lädt mit Marias Enthauptung schwere Schuld auf sich.

Maria ist umgeben von Verehrern, die bereit sind, für sie in den Tod zu gehen. Elisabeth, die *„jungfräuliche Königin"*, will sich keinem Mann unterwerfen, denn: *„Der Ring macht Ehen, und Ringe sind's, die eine Kette machen."* Dennoch will sie geliebt werden.

In männlicher Überheblichkeit stellt Shrewsbury fest: „Ein gebrechlich Wesen ist das Weib" und Burleigh bestätigt: *„Die Welt glaubt nicht an die Gerechtigkeit des Weibes."* Damit reduzieren diese beiden Subalternen den Streit der

Königinnen auf das Niveau von „Waschweiber-geschwätz"!

Maria zeigt Größe und akzeptiert schließlich den Tod als *„ewige Freiheit"*, während Elisabeth nach Lord Leicester ruft, den sie begehrt, der aber vor ihr geflohen ist.

Offensichtlich schätzt Schiller die mit weiblichen Waffen kämpfende Mörderin Maria mehr als die „unweiblich" handelnde Mörderin Elisabeth.

Die Jungfrau von Orleans

Thibaut d'Arc, der Vater des jungen Bauernmädchens, sagt: *„Das Weib bedarf in Kriegsnöten des Beschützers."* Die Haltung seiner Tochter **Johanna** sei „eine schwere Irrung der Natur", denn sie *„nähre Hochmut in dem Herzen... ihre Brust umschließt ein männlich Herz"*. Er warnt: „Du fragst nach Dingen, die dir nicht geziemen." Dagegen meint der Hirte Bertrand, der Johanna liebt: *„Gott gab euch eine wundervolle Tochter."*

Das halbe Reich des verweichlichten Königs von Frankreich, Karl VII. von Valois, ist von den Engländern besetzt. Als er von Johannas Triumph hört, sagt er: *„Ein Mädchen bringt mir Sieg? Das ist nicht im Laufe der Natur!"* Auch der englische Feldherr Lionel will nicht gegen eine Frau kämpfen. Er sagt zu **Königin Isabeau,** die (sehr unweiblich!) gegen ihren Sohn ins Feld zieht: *„Wir wollen mit guten Waffen, nicht mit Weibern siegen."* Aber Dunois, der Bastard von Orleans, wirbt um Johanna, denn *„nur die Starke kann die Freundin sein des starken Mannes"*. Dagegen wettert der Erzbischof: *„Dem Mann zur liebenden Gefährtin ist das Weib geboren."* Doch Johanna wehrt sich dagegen, als Frau gesehen zu werden, nur als Jungfrau könne sie ihre Aufgabe erfüllen. Weil sie sich in Lionel verliebt, empfindet sie sich als Verräterin an ihrem göttlichen Auftrag: *„Bin ich strafbar, weil ich menschlich war?"* **Agnes Sorel,** die als sehr weiblich gezeichnete Geliebte des Königs, sieht Johannas Problem: *„Du kannst das Glück erschaffen, doch du teilst es nicht."* Sie rät ihr, zur Liebe zu stehen. Aber Johanna will dafür büßen, *„dass ich mich eitel über euch erhob."* Alle (außer Dunois) wenden sich von Johanna ab, als Vater Thibaut d'Arc seine Tochter anklagt, mit dem Teufel im Bunde zu sein. Johanna gibt sich gefangen, aber als sie Waffenlärm hört, zerreißt sie ihre Fesseln, verhilft den Franken zum Sieg, wird rehabilitiert und stirbt (bei Schiller) unter ihrer Fahne - anstatt, historisch korrekt, in Rouen als Hexe verbrannt zu werden. Der Dichter bewunderte das Sendungsbewusstsein des Mädchens, aber als „weiblich" zeigt er sie nur als unschuldiges Kind und in der Begegnung mit Lionel.

Die Braut von Messina

ist Schillers Versuch, mit Hilfe von Chören die antike Tragödie wieder zu beleben. Ein Fluch liegt auf dem Hause Messina. Die Brüder Cesar und Manuel verlieben sich in die gleiche Frau, ohne zu ahnen, dass es ihre Schwester ist. Aus Eifersucht ersticht Cesar erst seinen Bruder und dann aus Schuldgefühl sich selbst. Die **Mutter** meint, jetzt seien sie *„versöhnt auf ewig in dem Haus des Todes"*. Der Fluch sei gesühnt, denn: *„Das Leben ist der Güter höchstes nicht, der Übel größtes aber ist die Schuld."* Die **Braut** klagt um ihre Brüder, aber auch über ihr eigenes Schicksal, das ihr die Rolle der untätigen Zuschauerin aufgezwungen hat.

Wilhelm Tell

In diesem Schauspiel begegnen uns drei starke Frauen: Tells Gattin **Hedwig,** Tochter von Walter Fürst, **Gertrud Stauffacher** und die reiche Erbin **Bertha von Bruneck.**

Hedwig wird als besorgte Mutter geschildert, die ihrem Mann die Gefährdung des Sohnes durch den Apfelschuss vorwirft, sonst aber ihre Aufgabe darin sieht, den Alltag zu bewältigen (wie Schillers Mutter?). Stauffachers Frau Gertrud ist ein eigenständiger Charakter. Sie verlangt von ihrem Mann, seine Sorgen mit ihr zu teilen und fordert ihn und seine Mitverschworenen zum Freiheitskampf gegen Gesslers Tyrannei auf. Als frauliche (sozusagen „erwachsene“) Version der Johanna von Orleans ruft sie zum Kampf, greift aber nicht selbst zu den Waffen.

Bertha von Bruneck ist auf Burgen groß geworden, deshalb schätzen die Aufrührer sie falsch ein: Sie hasst den Unterdrücker, ihr Herz schlägt für das Volk. Durch klug gewählte Worte gewinnt sie ihren Verehrer Ulrich von Rudenz, Neffe und Erbe des alten Bannerherrn Werner von Attinghaus, für die Sache der Freiheit. Weil tapfere Frauen die Männer unterstützen, gelingt Tells Befreiungstat.

Mörike und die Frauen

Mutter Charlotte Dorothea
Schwester Louise
Klärchen Neuffer
Das Tübinger „Minele“
Maria Meyer
Julie Michaelis
Josefine in Scheer
Luise Rau
Magdalena Seiz
Schwester Klara
Friederike Faber
Margarethe von Speeth
Tochter Fanny
Tochter Marie
Luise Walther
Isolde Kurz

Weibliche Figuren in Mörikes Prosa

Agnes, Gräfin Konstanze, Elisabeth
Thereile, Silpelitt, Weyla
Anna=Josephe, Sophie von Rochen, Irmel
Anna und Lucie Gelmeroth
Jezerte, Naira
Gertrud, Käthe, Margrete
Vroni, die Ulmer Wirtin
Die schöne Lau, Betha Seysolffin
Constanze Mozart, Die Gräfin
Eugenie

Eduard Mörike

Lebensdaten von Eduard Mörike

1805	am 8. September in Ludwigsburg geboren Vater Karl Friedrich Mörike (1763-1817), Mutter Charlotte Dorothea Beyer (1771-1841)
1812	Besuch der Ludwigsburger Lateinschule
1818	Besuch des Niederen Seminars in Urach
1822	Theologiestudium am Tübinger Stift (bis 1826)
1823	Begegnung mit Maria Meyer („Peregrina")
1826	Vikar und Pfarrverweser in Oberboihingen, Möhringen, Köngen, Pflummern, Plattenhardt, Owen, Eltingen und Ochsenwang (bis 1834)
1827	Tod der Schwester Luise
1829	Verlobung mit Luise Rau (bis 1833)
1830	Beendigung des „Maler Nolten"
1834	Pfarrer in Cleversulzbach
1838	Erste Ausgabe der „Gedichte" bei Cotta
1841	26. April Tod der Mutter
1844	Nach Schwäbisch Hall und Mergentheim
1845	Begegnung mit Margarethe von Speeth
1851	Nach Stuttgart, Lehrtätigkeit am Katharinenstift (bis 1866), 25. November Hochzeit
1855	Geburt von Tochter Fanny
1857	Geburt von Tochter Marie
1867	nach Lorch, 1869 Rückkehr nach Stuttgart
1870	nach Nürtingen, 1871 zurück nach Stuttgart
1873	Trennung von Margarethe, drei Monate mit Schwester Klara und Tochter Marie in Fellbach
1874	mit Klara und Marie in Bebenhausen
1875	4. Juni in Stuttgart gestorben, 6. Juni Beerdigung auf dem Pragfriedhof, Grabrede von Friedrich Theodor Vischer, Nachruf von Gottfried Keller.

Mörikes Frauen

Der Dichter Eduard Mörike gehört zu Ludwigsburg wie das Schloss und der Märchengarten, wie Schiller und Goethe zu Weimar, Justinus Kerner zu Weinsberg oder Hermann Hesse zu Montagnola. Wenn eine Studie über Mörike „Kastanien nach Ludwigsburg tragen" hieße, müsste Ähnliches für Friedrich Schiller in seinem Geburtsort Marbach, für Johann Wolfgang von Goethe in Frankfurt oder für Hermann Hesse in Calw gelten.

Nun sind Goethe und Mörike Männer von sehr unterschiedlicher Wesensart. Der vitale, leidenschaftliche Erfolgsmensch Goethe nahm sich, was er brauchte, ohne Rücksicht auf Konventionen - er lebte 18 Jahre lang mit Christiane Vulpius und dem gemeinsamen Sohn August, bis er sie 1806 heiratete. Er bedachte nicht die Verheerungen im Seelenleben der Frauen, wenn er die Beziehung abbrach: die unschuldig-naive Friederike Brion in Seesenheim hat nie geheiratet,Marianne von Willemer fühlte sich und ihre Liebe von Goethe verraten. Aber sein Ungestüm wurde auch mit Zurückweisung bestraft: Lotte Buff heiratete nicht ihn, sondern blieb ihrem Verlobten Johann Georg Christian Kestner treu; Lili Schönemann löste die Verlobung nach einem halben Jahr und heiratete 1778 einen Bankier; Frau von Stein wies ihm nach seiner Italienreise 1788 die Tür (die sie später auf rein gesellschaftlicher Basis wieder öffnete); und die blutjunge Ulrike von Levetzow gab dem Vierundsiebzigjährigen 1823 einen Korb.

Wie anders gestaltete sich das Liebesleben Eduard Mörikes! Der Ludwigsburger Stadthistoriker Dr. Albert Sting bemerkte einmal: „Als Mann hat mir Mörike immer leid getan!" - eine Auffassung, die ich teile!

Im Überschwang erwiderter Liebe dichtete Goethe:

„Es schlug mein Herz, geschwind zu Pferde,
es war getan noch eh gedacht,
der Abend deckte schon die Erde
und an den Bergen hing die Nacht..."

Anders empfand der kränkelnde, schüchtern wirkende Eduard Mörike, der an seiner Liebe zu der schönen Fremden, die er „Peregrina" nannte, fast zerbrach:

„Die Liebe, sagt man, steht am Pfahl gebunden,
geht endlich arm, zerrüttet, unbeschuht..."

Welche Gegensätze! Und doch haben Johann Wolfgang von Goethe, Friedrich Schiller, Eduard Mörike und Hermann Hesse etwas gemeinsam: Frauen haben ihren Lebensweg nicht nur begleitet, sondern an bestimmten Punkten, Orten, Zeiten wesentlich geprägt. Frauen waren „Wegweiser" an Wendepunkten im Leben dieser drei süddeutschen Dichter. Meine These: **Schiller** war ein Mann, der blieb; **Mörike** war einer, der verlassen wurde; **Hesse** einer, der verließ. Aus Goethes 84-jährigem Leben gibt es viele Zeugnisse, die all seine wirklichen (oder ihm nachgesagten!) Liebschaften dokumentieren, analysieren, problematisieren, aus psychologischer, philosophischer, literarischer, männlicher oder weiblicher Sicht. Auch Schillers Beziehungen zu Frauen kennen wir aus Briefen und Berichten von Zeitzeugen. So reich ist die Ernte beim Lyriker Eduard Mörike nicht. Welchen Einfluss hatten Frauen auf sein Leben und sein Werk? Warum blieb, außer Schwester Klärchen, keine Gefährtin auf Dauer bei ihm? Schiller wählte eine für ihn und sein Lebenswerk passende Ehefrau, Hesse fand erst spät eine echte Partnerin - Mörike gelang das nicht.

Johann Wolfgang Goethe wurde in ein Frankfurter Patrizierhaus geboren, von einem strengen Vater erzogen und von seiner Mutter Katharina Elisabeth, geb. Textor (1731-1808, „Frau Aja") verhätschelt. Sein Studium in Leipzig und Straßburg bezahlte der Vater.

Eduard Mörikes Start war weniger begünstigt. Er wurde am 8. September 1804 als siebentes von 13 Kindern (sechs starben früh) des Amtsarztes Karl Friedrich Mörike (1763-1817) und seiner Frau, der Pfarrerstochter Charlotte Dorothea Beyer in Ludwigsburg geboren und wuchs auf mit den beiden älteren Geschwistern Karl (1797-1848) und Louise (1798-1827), sowie den vier jüngeren: August (1807-1824), Louis (1811-1886), Adolf (1813-1875) und Klara (1816-1903).

Im Gegensatz zu Schiller, dessen Mutter mit den Kindern ständig umziehen musste, verlebte Eduard seine ersten 13 Lebensjahre wohl behütet im Kreis der Familie in seiner Geburtsstadt. Er spielte in den Ludwigsburger Alleen und den schönen Laubengängen des Marktplatzes, die Justinus Kerner (1786-1862) in seinen „Reiseschatten" liebevoll beschrieben hat. Ab 1812 besuchte er die Lateinschule in der Oberen Marktstraße. Der Tod des Vaters (nach dreijährigem Krankenlager) veränderte 1817 die Lebensumstände der Familie. Auch aus finanzieller Not wurde Eduard zum Theologen bestimmt, da die Ausbildung kostenlos war.

Die Mutter
Charlotte Dorothea (1771-1841)

Mit 30 Jahren schilderte Mörike sein Elternhaus so: *„Ich befand mich als Knabe in einem lebhaften Kreis von mehreren Geschwistern, die an Alter teils vor, teils hinter mir standen. Die Verhältnisse meiner Eltern waren für die erste Entwicklung der Kinder günstig genug; allein es konnte der Vater, bei einem besonders geschäftsvollen Amte, das ihn den Tag über meist außer Hause festhielt, bei der rastlosen Tätigkeit, womit er selbst daheim nur seiner Wissenschaft lebte, an unserer Erziehung nur den allgemeinsten Anteil nehmen. Wenn er auf uns wirkte, so geschah es zufällig durch einzelne Winke oder gewissermaßen stillschweigend durch den so liebevollen als ernsten Eindruck seiner ganzen Persönlichkeit; ausdrücklich belehrend war seine Unterhaltung selten und gegen die Jüngeren, zu denen ich gehörte, fast niemals. Dagegen konnte uns im Sittlichen die Mutter auch statt alles anderen gelten. Durch ihre Zärtlichkeit, ihr reines Beispiel und durch ein Wort, zur rechten Zeit gesprochen, übte sie ohne studierte Grundsätze und ohne alles Geräusch eine unwiderstehliche sanfte*

Gewalt über die jungen Herzen aus." Er zeichnete also ein sehr positives Bild von Charlotte Dorothea.

Von ihrem äußeren Erscheinungsbild gibt es nur ein Profil in Schwarzweiß, einen Scherenschnitt, der wenig aussagt. Sie soll eine fromme Frau und gute Gattin gewesen sein, die dem Amtsarzt, ihrem Ehemann, den Rücken freihielt. Bis zu ihrem Tod am 26. April 1841 blieb die Mutter mit ihrem Sohn eng verbunden. Sie warnte ihn vor der verführerischen Maria Meyer, und pflegte ihn gesund, als er nach dem Verzicht auf seine Liebe zusammenbrach. 1829 begrüßte sie voller Freude die Pfarrerstochter Luise Rau als Schwiegertochter in spe. 1832 zog sie zu Mörike nach Ochsenbach, um ihm den Haushalt zu führen, zwei Jahre später begleitete sie mit Tochter Klara den von der Braut Verlassenen nach Cleversulzbach und sorgte für ihn. Es gibt nur zwei von Mörike an seine Mutter gerichtete Gedichte, mit denen der Sohn ihr dankt. Wie seine Briefe zeigen die Gedichte, dass er seine Mutter liebte. Nähere Auskünfte über ihre Eigenschaften fehlen.

An meine Mutter

Siehe, von allen den Liedern nicht eines gilt dir, o Mutter
Dich zu preisen, o glaub's, bin ich zu arm und zu reich.
Ein noch ungesungenes Lied, ruhst Du mir im Busen
keinem vernehmbar sonst, mich nur zu trösten bestimmt.
wenn sich das Herz unmutig der Welt abwendet und einsam
seines himmlischen Teils bleibenden Frieden bedenkt.
...
Ach wie liebreich warst du der Welt und dienetest allen!
Und wie klein doch, wie plump hat sie dich endlich verkannt!
Da entsagtest du ihr; doch lächelnd wehren die Deinen
Heute wie gestern der Hand, die sich in Liebe vergisst.

Mörike hat seine Mutter neben Schillers Mutter beerdigt. Deren Grab hatte er zu seiner Überraschung 1835 auf dem Friedhof in Cleversulzbach entdeckt. Er korrespondierte darüber mit Schillers Schwester Luise Frankh, deren Mann einer seiner Vorgänger war, und schrieb das zwölfzeilige Distichon:

Auf das Grab von Schillers Mutter

Nach der Seite des Dorfs, wo jener alternde Zaun dort
ländliche Gräber umschließt, wall ich in Einsamkeit oft.
Sieh den gesunknen Hügel! Es kennen die ältesten Greise
kaum ihn noch und es ahnt niemand ein Heiligtum hier.
Jegliche Zierde gebricht und jedes deutende Zeichen;
dürftig breitet ein Baum schützende Arme umher.
Wilde Rose, dich find ich allein statt anderer Blumen;
ja, beschäme sie nur, brich als ein Wunder hervor,
tausendblättrig eröffne dein Herz! Entzünde dich herrlich
am begeisternden Duft, den aus der Tiefe du ziehst!
Eines Unsterblichen Mutter liegt hier bestattet, es richten
Deutschlands Männer und Fraun eben den Marmor ihm auf.

Schwester Louise (1798-1827)

Als zweite Frau in Mörikes Leben können wir seine Schwester Louise bezeichnen. Auf dem Aquarell von C. H. Küchelbecker sitzt die 16-Jährige am Spinett und wendet ihr zartes, mädchenhaftes Gesicht dem Betrachter zu: mit hellen Augen, winzigem Schmollmund und, als einzigem Schmuck, kleinen Ohrringen und Ringellocken auf beiden Seiten der Stirn. Louise spielte in dem „Peregrina“-Drama der Jahre 1823/24 eine ähnliche Rolle wie Goethes Schwester Cornelia 1775 bei der Trennung ihres Bruders von seiner Verlobten Lili Schönemann. Beide hatten so starken Einfluss auf ihre Brüder, dass diese dem Rat der Schwester folgten und sich von der geliebten Frau trennten. Louise war stets um das Seelenheil ihres Bruders besorgt. 1824 drängte sie ihn, sich von seinem Idol Wilhelm Waiblinger loszusagen: „Dieser W. mit seinem verderblichen Kometenfeuer, mit seinem wüsten, schlammigen Leben, stellt sich so beängstigend zwischen Dich und Dein reines Sein", warnte sie. Mit 29 Jahren starb Louise an Schwindsucht. In einem letzten Gespräch mit ihrem Bruder fragte sie: „Hast du auch einen Glauben an den Heiland, Eduard? worauf ich leider nicht frischweg antworten konnte", gestand Mörike am 3. April 1827 in einem Brief an Louises Freundin Lotte Späth. Der Tod der geliebten Schwester, ebenso wie der seines Bruders August drei Jahre zuvor, gehörte zu Mörikes immer wiederkehrender Erfahrung, dass Menschen, an denen sein Herz hing, ihn verließen. Als erste seine Base Klärchen, Tochter des mit einer Schwester von Mörikes Mutter verheirateten Pfarrers Christoph Friedrich Neuffer (1768-1836) in Benningen.

Klara Neuffer-Schmid (1804-1837)

Mit Klärchen verband den jungen Mörike eine herzliche Kinderfreundschaft, aus der (in Eduards Fantasie!) mehr hätte werden sollen. Er warf ihr später vor, ein „treuloses Herz" zu haben, weil sie 1827 den Pfarrer Christian Schmid heiratete. Aber wahrscheinlich empfand sie keine Leidenschaft für Eduard und zog sich von ihm zurück, als er sich 1823 mit Maria Meyer einließ. Später traf sich das Pfarrerehepaar Schmid mit Eduard und seiner Braut Luise, begleitet von Luises Mutter Wilhelmine Rau, geborene Bauhof (1770-1842), oft in Grötzingen, wo Christian Denk, der Mann von Luises Schwester Mine (1803-1879), seit 1823 Pfarrer war. Aus dem Gefühl des Unwiderbringlichen schilderte Mörike später seine erste Liebe als Beginn des pubertären Bewusstseins:

Erinnerung

Jenes war zum letzten Male,
dass ich mit dir ging, o Klärchen!
Ja, das war das letztemal,
dass wir uns wie Kinder freuten.
Als wir eines Tages eilig

durch die breiten, sonnenhellen,
regnerischen Straßen, unter
einem Schirm geborgen, liefen;
beide heimlich eingeschlossen
wie in einem Feenstübchen,
endlich einmal Arm in Arme!
Wenig wagten wir zu reden,
denn das Herz schlug zu gewaltig;
beide merkten wir es schweigend,
und ein jedes schob im stillen
des Gesichtes glüh'nde Röte
auf den Widerschein des Schirmes.
Ach, ein Engel warst du da!

Wie du auf den Boden immer
blicktest und die blonden Locken
um den hellen Nacken fielen!
„Jetzt ist wohl ein Regenbogen
hinter uns am Himmel", sagt' ich.
„Und die Wachtel dort im Fenster,
deucht mir, schlägt noch eins so froh!"
Und im Weitergehen dacht' ich
unsrer ersten Jugendspiele,
dachte an dein heimatliches
Dorf und seine tausend Freuden....

Und du lächeltest und bogest
mit mir um die letzte Ecke.
Und ich bat dich um ein Rös'chen,
das du an der Brust getragen,
und mit scheuen Augen schnelle
reichtest du mir's hin im Gehen,
zitternd hob ich's an die Lippen,
küsst' es brünstig zwei- und dreimal.
Niemand konnte dessen spotten,
keine Seele hat's gesehen,
und du selber sahst es nicht.
An dem fremden Haus, wohin

ich dich zu begleiten hatte,
standen wir nun, weißt, ich drückte
dir die Hand und —
Dieses war zum letzten Male,
dass ich mit dir ging, o Klärchen!
Ja, das war das letztemal,
dass wir uns wie Kinder freuten.

Zwischen dieser Jugendliebe und dem „Peregrina"-Erlebnis lagen Mörikes Jahre im Niederen Seminar in Urach (1818-22) und das Theologiestudium am Evangelischen Stift in Tübingen (1822-26).

Die Freunde

Während der theologisch gesteuerten Kadettenerziehung im Tübinger Stift schloss Mörike seine bedeutendsten Freundschaften: mit **Wilhelm Hartlaub** (1804-1885), **Johannes Mährlen** (1803-1871) und **Wilhelm Waiblinger** (1804-1830). Er ist sein Leben lang ein für Freundschaft begabter Mann gewesen. Das Jugendbild von 1824, eine Bleistiftzeichnung von Johann Georg Schreiner, zeigt dass er auch äußerlich sehr attraktiv war. Aber am meisten bezauberte seine fröhliche Art.

Der „Urfreund" Wilhelm Hartlaub schrieb später über den Vierzehnjährigen: *„...nichts Gewöhnliches kam aus seinem Munde. Den heitersten Sonnenschein verbreitete sein Wesen, in dem es jedem sogleich wohl wurde."* Es besteht kein Zweifel, dass Mörike seine Freunde liebte, auch wenn die Anrede *„geliebtester Freund"* in seinen Briefen dem Stil der Zeit entsprach. Vereinzelt lassen Briefstellen ahnen, dass Mörike um seine latent homo-erotische Veranlagung wusste. Am 10. September 1827 schrieb er während eines Besuchs in Tübingen an Johannes Mährlen: *„Ja, die alte Melodie des Wassers! Ich höre sie! Dass Du sie nicht auch hörest! Ich fühle nun, wie innig ich dich liebe! Wie unzertrennlich du von mir bist. Dort links in unserer sonstigen Stube - um diese Zeit - wie oft gin-*

gen wir da gleichgültig oder verstimmt neben einander zu Bett. Ach! und ich doch selten ohne ein halbes oder ganz lebhaftes und dankbares Gefühl deiner lieben Nähe! Dies habe ich Dir wohl manchmal durch eine scherzhafte Umarmung zu verstehen gegeben; für Scherz hast du's dann auch genommen. Aber jetzt sollt es anders sein!"

Weniger harmonisch war der Einfluss des von Mörike bewunderten genialischen Wilhelm Waiblinger. Für die Zusammenkünfte seiner Freunde mietete er im Sommer 1823 das „Presselsche Gartenhaus am Österberg", wohin er auch hin und wieder den kranken Hölderlin einlud. (Gestützt auf Waiblingers Tagebücher hat **Hermann Hesse** in seiner 1914 entstandenen Erzählung „Im Presselschen Gartenhaus" die Begegnung von Mörike und Hölderlin nachgezeichnet!). Als Waiblinger sich vor seinen Freunden damit brüstete, eine Liebesnacht mit seiner Freundin Julia Michaelis verbracht zu haben, sorgte deren Familie dafür, dass der junge Dichter – als ein warnendes Beispiel - aus dem „Stift" flog

Im Evangelischen Stift hatten die Studenten keinen Kontakt zu Frauen. Mörike soll sich in seiner Stammkneipe in der Neckarstraße,, der „Beckbeckei", gern mit Minele, einer jungen Kellnerin unterhalten haben. Aber der Abstand zwischen dem angehenden Theologen und dem Schankmädchen blieb unter den Augen der Kommilitonen gewahrt. In den Ferien fühlten sich die jungen Leute freier...

Maria Meyer (1802-1865)

So begabt Mörike für Freundschaft war, so wenig Glück hatte er mit den Frauen, in die er sich verliebte. Da war vor allem die tiefe Verwirrung des knapp 19-Jährigen bei seiner Begegnung mit der geheimnisvollen Fremden, die der Bierbrauer Helm auf der Straße ohnmächtig aufgelesen hatte und als Schankmädchen in seiner Ludwigsburger Gaststätte „Der Holländer" (Poststraße Haus 100, heute

Bauhofstraße) beschäftigte. Eduard verbrachte die Semesterferien bei seinem Schulfreund Rudolf Lohbauer in seiner Heimatstadt und verfing sich heillos in den Fallstricken der körperlichen Anziehungskraft der 20-jährigen Maria.

Auch Rudolf Lohbauer verliebte sich in das schöne Mädchen und überredete seine Mutter, eine fromme Hauptmannswitwe, die schutzlose Fremde in ihr Haus in der Körnerstraße aufzunehmen. Lohbauers Schwestern begannen eine schwärmerische Freundschaft mit der faszinierenden neuen Hausgenossin. Maria Meyer mag sich eingebildet haben, durch eine feste Bindung an einen Theologen ihr schwankendes Lebensschiff in einen sicheren Hafen steuern zu können. In seinen Peregrina-Gedichten behauptete Mörike, das Mädchen habe ihn geliebt - das wollen wir ihm glauben. Er ging mit ihr in den „Mondscheingärten" spazieren (von Dr. Sting als Parkanlage zwischen dem Ludwigsburger Schloss und dem Mathildenhof identifiziert), sie haben sich *„geherzt und geküsst"*. Aber Schwester Louise warnte den Bruder, und die Mutter war traurig über seine „Verstrickung". Maria Meyer hat die engen Familienbande und die Fesseln des schwäbischen Pietismus, die alle „Stiftler" gefangen hielten, wohl unterschätzt. Als die Ferien zu Ende gingen, ohne dass einer der jungen Männer sich *erklärt* hatte, muss ihre Enttäuschung groß gewesen sein. Ihr unruhiger Geist trieb sie nach Heilbronn, wo sie den gleichen Trick noch einmal versuchte. Wieder lasen Mitleidige die Ohnmächtige am Straßenrand auf, aber auch dort wurde sie bald fort geschickt. Sie kam zurück nach Ludwigsburg, wo sie eine Weile als Putzmacherin ihren Lebensunterhalt verdiente. Zweimal hat sie versucht, Mörike in Tübingen zu treffen, aber er wies sie ab - *„blutenden Herzens"*. Später ging sie zurück in die Schweiz, heiratete einen Handwerker und starb kinderlos mit 63 Jahren.

Goethe war 39, reich und anerkannt, als er Christiane zu sich nahm. Schiller heiratete mit 30 Jahren, nachdem seine finanzielle Lage durch ein Taschengeld des Herzogs, großzügige Gaben wohlhabender Gönner und seine unbezahlte, aber ehrenvolle Professur in Jena gesichert (oder zumindest hoffnungsvoll) zu sein schien. Der junge Mörike, mittellos und fest eingebunden in ein System strenger Konventionen, hatte keine Chance! Hinzu kam seine von ihm häufig beklagte „vis inertia" (mangelnde Lebensenergie). Er war nicht zum Kämpfer geboren. Außerdem erlebte er im Fall Waiblinger, was mit einem Studenten geschah, der sich nicht an die Regeln hielt. Der Konflikt zwischen Libido und Pflicht ging für ihn als braven Sohn und angehenden Geistlichen fatal aus! Ein weiterer nicht zu unterschätzender Grund, die Beziehung abzubrechen, war seine Eifersucht, als er erfuhr, dass Maria auch mit anderen Männern *„Umgang gepflogen"* habe.

Schaudernd entdeckt' ich verjährten Betrug,
und mit weinendem Blick, doch grausam,
hieß ich das schlanke, zauberhafte Mädchen
ferne gehen von mir...

Wie tief und schmerzlich ihn seine eigene Entscheidung verletzte, entnehmen wir den Peregrina-Gedichten. Darin idealisiert er Maria als „unwissend Kind" (was sie mit Sicherheit nicht war!) und klagt:

...du selber lädst mich ein,
willst, ich soll kecklich dich und mich entzünden,
reichst lächelnd mir den Tod im Kelch der Sünden.

Körperliche Liebe als Sündenkelch, dessen Feuer zum Tod führt - welch ungeheuerliches Bild fand 1824 vier Jahre nach dem Ende der Affäre der 24-Jährige. Erschütternd auch der Aufschrei seiner verletzten Seele:

Ein Irrsal kam in die Mondscheingärten
einer einst heiligen Liebe...

Was alles steckt in dem Wort „Irrsal“ - Irrsinn und Schicksal eng verknüpft, auch Irrtum klingt an, Irrweg, Irrwisch, Irrlicht (Glühwürmchen in Mondscheingärten, die in die Irre führen!). Als heilig empfand er diese Liebe. Ich frage mich, ob er das Wort „einst“ nachträglich eingefügt hat? „...einer heiligen Liebe“ würde rhythmisch passen, aber mit dem Zusatz „einst“ distanzierte Mörike sich von der verstandesmäßig als Irrweg erkannten Liebe. Das fünfte Peregrina-Gedicht beginnt:

Die Liebe, sagt man, steht am Pfahl gebunden...

Was fällt uns zu „Pfahl“ ein? Knechtschaft, Sklaverei, Unfreiheit, Folter... Später benutzte Mörike das Wort von der „Vikariatsknechtschaft“. Hasste er seinen Beruf auch, weil er ihm die feste Bindung an eine unstete Geliebte wie Maria Meyer, von der Gesellschaft damals als „Landstreicherin“ diffamiert, unmöglich machte? Leider hat Mörike alle Briefe und Erinnerungen von und an Maria vernichtet und auch später vermieden, von ihr zu sprechen. Armer, zutiefst verletzter Eduard!

Jahre später setzte er sich als Dichter noch einmal mit dem Problem der Peregrina, der „wandernden Fremden“ auseinander. Im „Maler Nolten“ zeigt er an der Figur der wahrsagenden Halb-Zigeunerin Elisabeth die Folgen von Heimatverlust, Bindungslosigkeit und Liebeswahnsinn.

Josefine

Auf Grund eines ärztlichen Attests ließ sich Mörike im November 1827 beurlauben. Die Hochzeit seiner Jugendliebe Klärchen, der Tod von Schwester Louise und das Gefühl, seinem Beruf nicht gewachsen zu sein, hatten ihn krank gemacht. Das Jahr „Freiheit vom Amt“ verbrachte er bei seiner Mutter in Nürtingen, bei seinem Vetter Heinrich Mörike in Buchau am Federsee und bei seinem Bruder Karl, der als Thurn und Taxis'scher Amtmann in Scheer lebte. Während eines Gottesdienstes in der schönen Barockkirche fiel ihm die Stimme der Solosängerin im Kirchenchor auf. Mörike beschreibt die Szene in dem Gedicht „Josephine“:

Das Hochamt war. Der Morgensonne Blick
Glomm wunderbar im süßen Weihrauchscheine,
der Priester schwieg: nun brauste die Musik
vom Chor herab zur Tiefe der Gemeine...

Dazwischen hört ich eine Stimme wehen,
die sanft den Sturm der Chöre unterbrach,
sie schmiegte sich mit schwesterlichem Flehen
dem süß verwandten Ton der Flöte nach.
Wer ist's, der diese Himmelsklänge schickt?
Das Mädchen dort, das so bescheiden blickt.
Ich eile sachte auf die Galerie;
Zwar klopft mein Herz, doch tret ich hinter sie.

Hier konnt ich denn in unschuldsvoller Lust
Mit leiser Hand ihr festlich Kleid berühren,
ich konnte still, ihr selber unbewußt,
die nahe Regung ihres Wesens spüren...

In der Literatur wird Josefine als *„Tochter des Schulmeisters“* bezeichnet. Aber bei meinem Besuch im Mörike-Jahr 2004 bestätigte mir ein Kenner der Stadtgeschichte, der 1827 in Scheer tätige Lehrer habe keine Tochter gehabt. Egal, wer sie war: Ein heftiger Flirt begann, ein sinnliches Spiel zwischen zwei jungen Menschen, offenbar ohne tiefere Bindung. Mörike hat dem Mädchen weitere Gedichte gewidmet:

Liebesvorzeichen

Dazwischen dacht ich wohl im stillen:
Was hast du vor? Sie ist ein Kind.
Die Lippen, die von Reife quillen,
wie blöde noch und fromm gesinnt!

Fürwahr, sie schien es nicht zu wissen,
wie mächtig ihr die Fülle schwoll,
und dass sie in den Feuerküssen
des kecksten Knaben brennen soll...

Nimmersatte Liebe

Die Lieb, die Lieb hat alle Stund
neu wunderlich Gelüsten;
wir bissen uns die Lippen wund,
als wir uns heute küssten.
Das Mädchen hielt in guter Ruh,
wie's Lämmlein unterm Messer;
ihr Auge bat: nur immer zu,
je weher, desto besser!

Unser Dichter war also nicht das „Seelchen", als das er früheren Generationen präsentiert wurde! Wir lesen im Bericht eines Freundes: Bei einem Spaziergang habe Eduard genussvoll gegen eine Kirche gepinkelt *„dass es pflatscht"*, während er einen Gesangbuchvers zitierte.

Auch das freche Gedicht von dem Mädchen, das nach einer sich windenden „Schlange" greift, die sich unter die Haut bohrt und dort Vergnügen bereitet, passt nicht ins Bild des „braven" Biedermeier-Dichter-Pfarrers. Und die sechs Jahre währende *„ménage-à-trois"* mit Klärchen und Grete verursacht zumindest Stirnrunzeln...

Später hat er wohl resigniert, wie man auf Altersbildern erkennen kann. Als Lehrer im Katharinenstift sonnte er sich noch einmal in der (platonischen) Verehrung der „Laubfrösche", wie die Elevinnen der Mädchenschule genannt wurden – kleiner Trost für einen frustrierten Ehemann? Jedenfalls betont Hans Egon Holthusen in seiner rororo-Monographie zu Recht, *„dass wir bei Mörike immer darauf gefasst sein müssen, hinter der euphorischen (holden, feierlichen, heiligen) Version der Dinge noch eine zweite zu finden, die sich von der ersten oft krass unterscheidet."*

Luise Rau (1806-1891)

Endlich! Die Rettung naht in Gestalt der Pfarrerstochter Luise Rau, mit der Mörike vier Jahre lang, von 1829 bis 1833, verlobt war. Wer behauptet, Mörike habe sich nur verlobt, um seine Mutter zu beruhigen, der hat seine Briefe nicht gelesen. Sie gelten als die schönsten Brautbriefe der deutschen Literatur und füllen ein Buch. Die Sprache war, zeitbedingt, etwas überhöht, aber dahinter verbarg sich echtes Gefühl. Nach der frühen Erfahrung von überwältigender Leidenschaft, die ihn nahe an den Abgrund des Wahnsinns gebracht hatte, und dem erregenden Spiel in Scheer, glaubte der junge Pfarrvikar in Luise Rau die Partnerin gefunden zu haben, mit der ein friedliches, gut bürgerliches Pfarrerdasein möglich sein würde. In einem Brief an Freund Hartlaub (23.Juli 1830) schrieb er: *„Mein Kind musst du früher oder später doch sehen. Ein einfaches, heiliges, unschuldiges Wesen, das, weil es andere verkannten, lange im Unklaren über seinen eigenen tief verborgenen Wert war. Seitdem ich sie kenne, erhob sich ihr Gefühl und Geist mit schöner Zuversicht, doch bildet ihre Schüchternheit noch immer ein reizendes Gemisch mit diesem neuen Leben. Sie ist verständig, vorsichtig, entschieden und im Affekt sogar überbrausend, zumal wenn's einem edlen Gedanken gilt, den man ihr bekämpft. Bei der Lektüre leitet sie, besonders in Dingen, die über den unschuldigen, keuschen Mädchenverstand hinaus liegen, ein niemals irrender Instinkt...“* Das sei gewisss kein realistisches Portrait, meint Holthusen, *„sondern ein liebevoll verklärtes Andachtsbild: ein deutscher Biedermeierengel aus dem spezifischen Milieu des schwäbischen Pfarrhauses.“* Mörikes Freund Friedrich Theodor Vischer hat das Mädchen nüchterner betrachtet: „Eine hübsche Person von *kindlich-taubenhafter Erscheinung, aber leider gar zu einfältig.“*

Luise, eine von drei Töchtern des verstorbenen Pfarrers Gottlieb Rau (1766-1829), hatte Mörike kennen gelernt, weil er als Ersatz für ihren Vater Pfarrverweser in Plattenhardt wurde. Am 14.August 1829 hat sie sich mit ihm verlobt, kurz darauf zog sie mit ihrer Mutter und der jüngeren Schwester Jette (1813-1891, ab 1839 mit Professor Karl Renz verheiratet) nach Grötzingen, wo ihre ältere Schwester Wilhelmine (1803-1879) mit zwei Kindern und ihrem Mann Christian Denk (1797-1864) als Pfarrfrau lebte. Wie oft Mörike *„zu Fuß am frisch geschnittnen Wanderstab“*, in einer Kutsche oder im Winter im Schlitten zwischen Ochsenwang und Grötzingen hin und her geeilt ist, ergibt sich aus seinen Briefen. Luise lebte also jahrelang mit (oder besser neben) dem jungen Genie, wurde von ihm belehrt und mit Anekdoten, Landschaftsbeschreibungen, Sprach-Etüden, Briefen, Besuchen und Gedichten verwöhnt.

Ein berühmtes Sonett (fast ein Gebet) beschreibt die ausgeglichene Seelenlage des 25-Jährigen, dem seine Verlobungszeit zur dichterisch produktivsten Phase seines Lebens wurde:

An die Geliebte

Wenn ich, von deinem Anschaun tief gestillt,
mich stumm an deinem heil'gen Wert vergnüge,
dann hör ich oft die leisen Atemzüge
des Engels, welcher sich in dir verhüllt.
Und ein erstaunt, ein fragend Lächeln quillt
auf meinem Mund, ob mich kein Traum betrüge,
dass nun in dir, zu himmlischer Genüge,
mein kühnster Wunsch, mein einz'ger sich erfüllt.

Von Tiefe dann zu Tiefen stürzt mein Sinn,
ich höre aus der Gottheit nächt'ger Ferne
die Quellen des Geschicks melodisch rauschen.

Betäubt kehr ich den Blick nach oben hin,
zum Himmel auf - da lächeln alle Sterne:
Ich knie, ihrem Lichtgesang zu lauschen.

Hier tobt keine Leidenschaft (die Leiden schafft!), wie in den Peregrina-Gedichten, keine Sinnlichkeit wie in Scheer, aber auch keine Resignation, sondern bewusste Entscheidung nach Mörikes selbst formuliertem Motto: *„Doch in der Mitten liegt holdes Bescheiden.“*

Im Brief vom 12.August 1832 an Luise sah Mörike seine Zukunft an ihrer Seite so: *„Ach, liebstes, einziges Herz, wenn es bald wahr und wirklich werden sollte, was ich seit einiger Zeit oft stundenlange wachend träume: mit Dir im häuslichen Eigentum wohnen, mit Dir jede Stunde teilen zu dürfen! Was für ein neues Leben, wovon ich jetzt nur eine leise, fast ängstlich-selige Ahnung habe, wird sich uns entfalten! Oft ist mir, ich müsse mich vor dieser überglücklichen Vorstellung hüten, damit mir nicht die zwischenliegende Zeit zu schal...erscheine.“*

Mehrfach erwähnte Mörike eine Botin, die seine Briefe an Luise überbrachte. Sie wurde in der historisch-kritischen Marbacher Gesamtausgabe als **Magdalena Seiz**, die Magd der Familie Rau, identifiziert.

Nach dreieinhalb Jahren im Wartestand verlor Luise die Geduld - auf Rat ihrer Mutter oder anderer Familienmitglieder? Genau lässt es sich nicht mehr feststellen, weil bei der Herausgabe der Brautbriefe viele Stellen ausgelassen worden sind, die ein schlechtes Licht auf die Familie Rau hätten werfen können. Der sensible Dichter und oft kränkelnde Vikar war ständig in Geldnöten (weil er seine Brüder Karl und Louis unterstützte), so schien er Mutter Rau nicht der Mann zu sein, mit dem ihre Luise in bescheidenen Verhältnissen ruhig würde leben können. Im Herbst 1833 wurde die Verlobung gelöst, ein Dreivierteljahr bevor Mörike, nach acht Jahren als Vikar, endlich eine Pfarrstelle erhielt und eine Frau hätte ernähren können. Luise blieb bei ihrer Mutter bis zu deren Tod, dann heiratete sie 1846, mit 39 Jahren, den verwitweten Pfarrer Ernst Heinrich Schall (1800-1883). (Goethes Verlobte hat sich seinerzeit schneller getröstet!)

Wie viel Zukunftshoffnung der erneute Verlust einer geliebten Frau in Mörike zerstört hat, ist kaum zu ermessen. Statt einer jungen Ehefrau zogen Mutter und Schwester mit ihm nach Cleversulzbach. Tröstlich: Freund Hartlaub wohnte in der Nähe als Pfarrer in Wermutshausen, und das Kernerhaus in Weinsberg war nicht weit. Immerhin: die Jahre in Ochsenwang und Owen waren eine fruchtbare Zeit gewesen. Er hatte zum Schreiben das Gefühl der Sicherheit gebraucht, das seine Verlobung ihm gab. Im August 1832 veröffentlichte er den Roman „Maler Nolten", 1838 seine „Gedichte" bei Cotta in Stuttgart und 1839 den Sammelband „Iris" mit Kurzgeschichten. Für Prosa war er nicht besonders begabt. Erst in seinem Spätwerk „Mozart auf der Reise nach Prag" fand er die ihm gemäße Erzählform. Unsterblich gemacht hat ihn seine filigrane Lyrik.

Schwester Klara (1816-1903)

Die jüngste Schwester wurde die engste Vertraute des Dichters. Die Bauern liebten ihren Pfarrer, er versah sein Amt nach besten (geringen) Kräften, pflegte sein Gärtchen und ging viel spazieren. Sein unvollkommenes Privatleben kompensierte er mit Schreiben. 1838 soll er mit dem Gedanken geliebäugelt haben, **Friederike Faber** zu heiraten, eine Schwägerin von Pfarrer Otto Schmidlin in Bürg. Aber er warb wohl nicht sehr ernsthaft, die Schwester versorgte ihn ja gut! Wer war die Frau, die Mörike zärtlich „Klärchen" rief?

Die aquarellierte Zeichnung von **Luise Walther** aus dem Jahre 1871 zeigt das Bild einer „typischen" schwäbischen Pfarrfrau, mit rundem Gesicht, leichtem Doppelkinn, fröhlichen Augen, streng gescheiteltem, am Hinterkopf aufgestecktem Haar und schmallippigem, trotz behutsamem Lächeln verkniffen wirkendem Mund. Als jüngste Tochter hatte sie gelernt, sich zu fügen, Aufmüpfiges wird von ihr nicht berichtet.

1841 mussten die Geschwister ihre Mutter beerdigen. Als Mörike 1843 in Pension ging, verließen sie das Pfarrhaus und wohnten zunächst für ein halbes Jahr in Wermutshausen bei Hartlaubs. Im April 1844 ließen sie sich in Schwäbisch Hall nieder, zogen aber schon im September nach Bad Mergentheim und 1845 in das Speeth'sche Haus am Markt. Klärchen befreundete sich mit **Margarethe,** der Tochter des Oberstleutnants Valentin von Speeth. Auf dem Sterbebett verpflichtete der Vater den Ex-Pfarrer, sich um die 27-jährige Tochter zu kümmern. Mörike nahm diese Aufforderung ernst und verwandelte sich (wohl nicht ungern) wieder in einen Liebhaber.

Sechs Jahre lang lebten Klärchen und Grete mit ihm in einer „ménage-à-trois"... welch eine Zumutung für die Frauen und ihre Umgebung! Mehrfach hat der Dichter die komplizierte Dreierbeziehung thematisiert, zum Beispiel in den Gedichten „An Clärchen", „Götterwink", „Margaretha", „Auf den Tod eines Vogels", „Aus der Ferne" und 1845 die Huldigung:

Zu Claras Namenstag
Nach der ich früh und spät die Augen gläubig richte,
als meinem lieben Stern und holden Trostgesichte,
mit dem meine Leben steigt und fällt:
nur klarer noch, in frisch-betauter Reine,
erscheinst du mir, dieselbige, die Meine,
seit sich ein Schwesterlicht zu dir gesellt...

Margarethe Speeth (1818-1903)

Margarethe Elisabetha Antonia Speeth kam am 10. Juni 1818 in Mergentheim als drittes Kind des Oberstleutnants von Speeth und seiner Frau Josefine, geborene Schaupp (1790-1860) zur Welt. Von Josefines elf Kindern starben alle bis auf zwei: Wilhelm (1816-1871) brachte das Familienvermögen durch und zeugte zwei uneheliche Kinder, von denen das jüngere, Max Wieser, 1853 geboren, Mörikes Patenkind wurde.

Margarethe war zwei Jahre jünger als ihr Bruder. Auf dem 1843 entstandenen Gemälde von **Amalie Kohler** lächelt eine „höhere Tochter" ins Bild, mit modischer Biedermeierfrisur, zarten Brauen über dunklen Augen,

Margarethe Mörike geb. Speeth

gebogener Nase, hübsch geschwungenen Lippen und sanftem Dekolleté. Auf späteren Familienfotos wirkt sie herber und abweisend, aber immer gepflegt. Die Verarmung des Elternhauses, der Verlust von neun Geschwistern und die lange Pflege des kranken Vaters förderten ihre Neigung zur Melancholie. Sie soll sehr verschlossen gewesen sein, später in der Ehe wurde sie als reizbar, zornig und selbstgerecht geschildert.

In die enge Freundschaft der beiden fast gleichaltrigen Frauen wurde der damals 41-jährige Eduard einbezogen. Dass die Offizierstochter und der Dichter sich bald näher kamen, hielt das Paar zunächst vor der Schwester geheim. Nur „Urfreund" Hartlaub war eingeweiht und wetterte tüchtig gegen die in seinen Augen unpassende Verbindung der strenggläubigen Katholikin mit einem protestantischen Geistlichen. Trotzdem verlobte sich Mörike mit „Gretchen" und widmete ihr unter anderem das Gedicht *„Zitronenfalter im April"*:

Grausame Frühlingssonne,
du weckst mich vor der Zeit,
denn nur in Maienwonne
die zarte Kost gedeiht!
Ist nicht ein liebes Mädchen hier,
das auf der Rosenlippe mir
ein Tröpfchen Honig beut,
so muss ich jämmerlich vergehn
und wird der Mai mich nimmer sehn
in meinem gelben Kleid

Aber auch heitere Töne schlug er an im *„Vogellied"*:

Es ist zwar sonsten nicht der Brauch,
dass man's Nestchen baut,
bevor man erst ein Weiblein auch
sich angetraut:
Zirri Zirrli!
Erst ein Schätzchen,

dann ein Plätzchen, Zirri!
Am Birnbaum oder am Haselstrauch.

Allein ich dacht', du baust einmal
auf gut Glück;
schaden kann es auf keinen Fall:
Zirrwick Zirrliwick!
Gefällt's Ihr nicht, meine Jungfer Braut,
es ist gleich wieder umgebaut.

Als Mörike 1851 die Anstellung am Katharinenstift erhielt, zog er nach Stuttgart und heiratete (unwillig, aber die Moralvorstellungen der Zeit verlangten es) im Alter von fast 47 Jahren die 33-jährige Grete. Die ersten Ehejahre verliefen relativ friedlich, zwei Kinder wurden geboren, aber schon in den 60er Jahren gab es Spannungen. Die Unvereinbarkeit ihrer Charaktere führte zu Streit, Frau Grete fühlte sich isoliert und war eifersüchtig auf die im Haushalt regierende Schwägerin. Das Paar trennte sich hin und wieder für kürzere Zeit, oft verreiste Mörike allein mit seiner Schwester und seiner Jüngsten. Gretes Unnachgiebigkeit und ihr fast schon krankhafter Argwohn steigerten sich, bis sie sich 1873 von ihrem Mann trennte. Sie hat ihn nicht glücklich gemacht, aber er sie auch nicht. Was ihnen von zwanzig langen Ehejahren blieb, waren die Töchter.

Friederike (Fanny, 1855-1913) und Marie (1857-1876)

Mörike war 51 Jahre alt, als Fanny zur Welt kam, 53 bei Maries Geburt. Die Freude an seinen Kindern beschreibt er in einem Gedicht aus dem Jahre 1864 *„An Gretchen"*:

Jüngst, als unsere Mädchen, zur Fastnacht beide verkleidet,
im Halbdunkel sich scheu erst an der Türe gezeigt,

dann sich die Blonde als Schäferin dir, mir aber die kleine
Mohrin mit Lachen zumal warf in den offenen Arm
und du, Liebste, von fern mein Gefühl nicht ahnend, ins Ohr mir
(der ich verblüfft dasaß) flüstertest: „Lobe sie doch!"
O wie gedacht ich der Zeit, da diese nicht waren und wir uns
beide noch fremd, ja du selber noch hießest ein Kind!
Einst und Jetzt im Wechsel - ein fliegender Blitz der Gedanken
machte mich stumm, und hoch wallte vor Freuden mein Herz.

Er erfand auch kleine Spaßgedichte für die beiden und für Hartlaubs Töchter Adelheid, Agnes und Klara, z.B. das *„Mausfallen-Sprüchlein"*:

Kleine Gäste, kleines Haus.
Liebe Mäusin oder Maus,
stell dich nur kecklich ein
heut Nacht bei Mondenschein!
Mach aber die Tür fein hinter dir zu!
Hörst du?
Dabei hüte dein Schwänzchen!
Nach Tische singen wir,
nach Tische springen wir
und machen ein Tänzchen: Witt-witt!
Meine alte Katze tanzt wahrscheinlich mit.

Ich sehe den 60-Jährigen, verjüngt durch die Kinder, um den Tisch herumtanzen wie als Bub in Ludwigsburg! Als die 18-jährige Fanny sich 1873 verloben wollte, eskalierte der Familienstreit. Grete verließ ihren Mann und kehrte mit der älteren Tochter nach Mergentheim zurück, die 16-jährige Marie blieb bei „Tante Klärchen" und dem Vater in Stuttgart. Kurz vor dem Tod des Dichters besuchte ihn seine Frau und „versöhnte" sich mit ihm. 1876, ein Jahr nach ihrem Vater, starb Marie in Mergentheim an Schwindsucht. 1888 zog Grete Mörike mit Tochter Fanny und deren Mann Georg Hildebrand nach Neu-Ulm, wo sie am 8. Januar 1903 starb.

Luise Wolff-Walther

Am 28. August 1863 war Mörike mit seiner Schwester und der 6-jährigen „Mariele“ in Tübingen aus dem Zug gestiegen, in einer Kutsche mit offenem Verdeck nach Bebenhausen gefahren und im „Wolff'schen Gasthaus“ abgestiegen. Die ursprüngliche Taverne des Klosters gehörte zu der Zeit **Karl Wolff**, dem Rektor des Katharinenstifts, in dem Mörike unterrichtete. Für die Daheimgebliebenen, Grete und Fanny, schrieb Mörike ein Brieftagebuch aus der „Sommerfrische“. Elf Jahre später, vom 6. Juni bis 25. Juli 1874, wurden die Drei betreut von **Luise Walther**, der Stieftochter von Karl Wolff, der das Gasthaus inzwischen gehörte. Dieser künstlerisch begabten Mörike-Verehrerin verdanken wir das Klärchenportrait von 1871 sowie einen Schattenriss des Dichters mit großem Schlapphut 1874 und ein Jahr später den Scherenschnitt von ihm auf dem Totenbett.

Isolde Kurz (1853-1944)

Unter den Besucherinnen in Bebenhausen befand sich auch Isolde Kurz, damals 21 Jahre jung, die mit ihrer Mutter zu Fuß von Tübingen herübergekommen war. In ihrem Buch über ihren Vater Hermann Kurz beschreibt sie die Begegnung mit Mörike: „*Während wir so im Grünen auf Bänken und Stühlen um einen verwitterten Holztisch saßen und ich mir die Physiognomie des Dichters beim Sprechen betrachtete, kam über mich die wunderliche, aber unabweisliche Vorstellung, dass dieser große Kopf eines schwäbischen Landpfarrers mit den etwas schlaffen Zügen und den stehenden grämlichen Falten nur eine scherzhafte oder schützende Maske sei, unter der jeden Augenblick ein feiner jugendlicher Griechenkopf oder ein lächelnder Ariel zum Vorschein kommen könnte. Die beiden alten Geschwister begleiteten uns auf dem Rückweg ein Stück weit durch Wiesen und Wald... Beim Abschied wurde mit den Geschwistern ein Wiedersehen verabredet, aber übers Jahr um die gleiche Zeit, als ich mit meiner Mutter und einer Freundin von einer mehrtägigen Schwarzwaldwanderung zurückkam, empfing uns auf der Schwelle des Hauses die Nachricht vom Tode Mörikes."*

In **Friedrich Theodor Vischers** Grabrede für Mörike am 6. Juni 1875 auf dem Pragfriedhof in Stuttgart, hieß es: *„Du wirst nicht berühmt sein bei denen, die nicht ahnen, wer dir bei deiner Geburt die sanfte Geisterhand auf Stirn und Lippen gelegt hat."* Auf einem Stein neben dem Grabmal steht Mörikes Spruch:

Herr, dir in die Hände
sei Anfang und Ende,
sei alles gelegt.

Gottfried Keller schrieb in einem Nachruf: *„Er starb, wie ein stiller Berggeist aus einer Gegend wegzieht, ohne dass man es weiß; wie wenn ein schöner Junitag dahin wäre. Wenn sein Tod nun seine Werke nicht unter die Leute bringt, so ist ihnen nicht zu helfen, nämlich den Leuten."*

*

Um 1920 gab es einen Verein der Freunde Mörikes, der sich nach einigen Jahren auflöste. Am 12. Juli 2002 wurde in Ludwigsburg die **Mörike-Gesellschaft** gegründet. Geschäftsführer seit 2004 ist Dr. Eckhard Wulf, Im Bornrain 14, 71696 Möglingen, Telefon: 07141-48 48 69.

Frauengestalten in Mörikes Werken

In Mörikes Geschichten tauchen brave und edle, böse und verwunschene Frauen auf, aber auch skurrile Narren. Anders als bei Schiller und Hesse werde ich außer den Frauen in Mörikes Prosa auch Gestalten wie den Barbier Liebmund Maria Wispel und ähnliche, Philister und Zeitgenossen karikierende Witzfiguren, erwähnen. Denn der Humor bei Eduard Mörike wird meines Erachtens in der Sekundärliteratur zu stiefmütterlich behandelt.

Maler Nolten

Die erste Fassung erschien 1832 in zwei Bänden bei Emanuel Schweizerbart, die zweite überarbeitete Auflage 1877 bei G. J. Göschen in Stuttgart. Während der Entstehungszeit nannte Mörike das Werk erst Novelle, dann Roman, Erzählung, Schrift, kleines Opus - denn, wie er am 27. September 1830 an Freund Mährlen schrieb: *„Man tut immer gut daran, anfangs leise und quasi versteckt aufzutreten."* Er hatte an die Veröffentlichung in einer Zeitschrift gedacht, doch als er den Text „von Provisorhand" abschreiben ließ, merkte er, dass er *„zu voluminös"* für ein Taschenbuch ausgefallen war. In Band 1 beschreibt er die vornehme Gesellschaft, mit der Mörike nicht vertraut war, so dass ihm technische Fehler unterliefen. Bei der Schilderung der ländlichen Umgebung im 2. Band kannte er sich besser aus. Aber den Leser irritieren ständige Unterbrechungen durch eingeschobene Episoden, sie hemmen den Erzählfluss.

Agnes, Theobald Noltens Braut, ist eine Förstertochter *„von mädchenhaft zauberischer Anmut"*, ohne Anspruch, kindlich fromm (erkennen wir Luise Rau?). Leider ist sie hysterisch und leicht beeinflussbar. Der Schauspieler Larkens täuscht sie mit gefälschten Briefen über Noltens Untreue, die sie wegen einer Weissagung der „Zigeunerin" Elisabeth schon ahnte. Als sie die Wahrheit erfährt, wird sie wahnsinnig und geht ins Wasser. Larkens vergiftet sich. Und die Moral? Selbst einem Gutmeinenden misslingt das Leben, wenn er durch Betrug Schicksal spielen will...

Elisabeth, Tochter der Zigeunerin Loskine und eines Oheims von Theobald Nolten, sorgt mit ihrer Wahrsagerei für große Verwirrung der Gefühle, auch in der feinen Gesellschaft, in der sich Nolten bewegt. Als sie erkennt, dass der Maler ihre Liebe nicht erwidert, wird sie „entseelt" am Rande einer öffentlichen Straße aufgefunden (Maria Meyers Trick aus dem Jahre 1823!).

Der Maler hatte sich von Agnes betrogen gefühlt und in **Konstanze von Armond** verliebt, die Schwester des Grafen Zerlin, in dessen Schloss er angestellt ist. In Konstanze vereinen sich Adel, Geist und Schönheit, sie ist Mörikes Prototyp der gebildeten, intelligenten und liebesfähigen Frau, Mittelpunkt gehobener Geselligkeit in den Schlössern und „Salons" des 19. Jahrhunderts. Doch als die Gräfin sich von Nolten verraten fühlt, ist ihre Rache gnadenlos: sie verdächtigt ihn revolutionärer Umtriebe und lässt ihn verhaften. Seine Unschuld stellt sich heraus, aber da hat Konstanze schon Herzog Adolf erhört, den Rivalen von Nolten. Konstanze ist zerknirscht - und ihren Liebhaber los. Nolten kehrt zu Agnes zurück, aber es ist zu spät. Zum Schluss sind alle Hauptakteure dieses Dramas tot... nur der totgesagte Vater von Elisabeth überlebt! In „Maler Nolten" hat Mörike drei Frauentypen gezeichnet, die damals verstanden wurden. Für Heutige wirkt das ständige Auf und Ab zwischen Liebe und Wahnsinn etwas anstrengend.

Der letzte König von Orplid

Das „phantasmagorische Zwischenspiel" enstand in Mörikes Studententagen und wurde, ebenso wie die *Peregrina-Verse,* in den Roman eingefügt. So nutzte der Dichter die Gelegenheit, bis dahin ungedruckte Gedichte zu veröffentlichen. Im „König von Orplid" kommen (wie die Handwerker in Shakespeares *Sommernachtstraum*!) die komischen Figuren Wispel und Buchdrucker vor, auf die ich im Kapitel über Mörikes Humor eingehe.

Thereile, die weibliche Hauptperson des Stücks, ist eine Feenfürstin, die von Elfen bedient wird. Sie liebt König Ulmon und zwingt ihn seit tausend Jahren, ihr zu Willen zu sein. Er aber sehnt sich nach seiner verstorbenen Frau **Almissa** - *„denn greulich ist verhasster Liebe Qual"*. Er möchte im Reich der Inselgöttin **Weyla** mit ihr vereint sein: *„O Weyla, hilf! Lass schnell den Tod mich haben!"* Die freche kleine **Silpelitt**, Kind einer Elfe und eines Sterblichen (Kollmer, Vertrauter des Königs, ist gleich-zeitig Erzähler des Schicksals der Insel Orplid), bricht den „Zauber Thereilens“. Der König versinkt im See und wird in Weylas Götterreich aufgenommen.

Der Schatz

Die Zusammenhänge in dieser verschachtelten Märchen-erzählung sind schwer zu begreifen. Episoden, in denen nur Männer vorkommen, lasse ich unbesprochen.

Hofrat Franz Arbogast berichtet einer ausgesuchten Gesellschaft (Szene wie in Goethes „Ausgewanderten“ oder in Boccaccios „Decamerone“) von dem Schatzkästlein der edlen **Sophia von Rochen**, das seine Mutter ihm zur Konfirmation gab, und von seiner Liebe zu der kleinen **Anna**, an deren Tod er nicht glaubt. Als junger Goldschmied unterwegs nach Frankfurt begegnet er im Schloss von Sophias Bruder Marcell von Rochen dem Mädchen **Josephe**, von dem sich später herausstellt, dass es die wieder zum Leben erwachte Anna ist. Die hübsche, patente und (natürlich!) treue Josephe hat Humor und gesunden Menschenverstand. Sie versteht den unreifen Jungen so über verschiedene Entwicklungsstufen zu führen, dass er mit ihrer Hilfe (und seiner Goldschmiedekunst) Sophias Ahnin, die untreue **Irmel**, von ihrem Fluch erlösen kann.

Lucie Gelmeroth

Ein Gelehrter besucht seine Geburtsstadt, in der sein Vater Arzt war (der Name Ludwigsburg fällt nicht!) und hört von der Mordanklage gegen seine Jugendliebe Lucie Gelmeroth. Lucies ältere Schwester **Anna**, ein zärtlich liebendes Mädchen, ist aus Kummer über den Verrat ihres Verlobten gestorben. Verstört bittet Lucie einen Freund, Anna zu rächen. Als der untreue Ex-Verlobte wirklich (im

Duell) getötet wird, wird Lucie verhaftet und angeklagt. Sie fühlt sich schuldig, will sterben. Da taucht (deus ex machina!) der Erzähler auf, überzeugt das Gericht von Lucies Unschuld und - heiratet die vom Schuldkomplex Befreite!

Die Hand der Jezerte

handelt von Verleumdung und Rehabilitierung. Jezerte, die angebetete „Buhle" von König Athmas, „starb in ihrer Jugend". Der Witwer lässt eine weiße Marmorstatue aufstellen, die er jeden Monat besucht, um an sie zu denken, die „sich hold und demütig" erwiesen hatte. **Naira**, seine zweite Frau, „ward ihm gram darob", und verleitet einen ihrer Liebhaber, die Hand der Statue abzubrechen. Nairas Hand wird schwarz, und der König verbannt sie auf eine Insel. Als sie tot gefunden wird, sind ihre Hände „beide weiß wie Schnee" - ein Zeichen, dass die tote Jezerte ihr vergeben hat. Sehr viel Symbolismus belastet die Geschichte.

Mörikes „Gabe der scherzenden Muse"

So nannte der Dichter in der *Idylle vom Bodensee* die Fähigkeit, zur Erheiterung der Zuhörer Stimmen zu imitieren und Stücke aufzuführen. Nach Aussagen seiner Freunde war Mörike ein guter Schauspieler mit lebhafter Mimik, der gern skurrile Gestalten verkörperte.

Im Schwabenland liebt man ihn wegen der Idylle „Der alte Turmhahn"(1840) und der 1846 entstandenen „Idylle vom Bodensee", die eigentlich keine *Idylle* im romantische Sinne ist, sondern eine witzige Bauern-Burleske mit Situationskomik, noch dazu in antiken Hexametern verfasst! Das bis heute als Schullektüre beliebte „Stuttgarter Hutzelmännlein" erschien 1853. Die darin enthaltene „Historie von der Schönen Lau" empfindet man im

„Ländle“ als Volkssage. 1872 wurde sie neu aufgelegt mit Zeichnungen von Mörikes Altersfreund **Moritz von Schwind**. Die Wasserfrau hat auch noch Ende des 20. Jahrhunderts Illustratoren angeregt: Im Jahre 1989 erschien eine Ausgabe mit Zeichnungen von Friedrich Hechelmann; 1995 veröffentlichte der DRW-Verlag eine von Julia Ginsbach illustrierte Ausgabe.

Die Ansichten über den Humor unseres Dichters haben sich in den vergangenen hundert Jahren stark gewandelt. Die moderne Auffassung steht in krassem Gegensatz zu der bislang einzigen wissenschaftlichen Arbeit über „Humor bei Eduard Mörike“, die maschinenschriftliche Inaugural-Dissertation zur Erlangung der Doktorwürde an der Philosophischen Fakultät der Universität Köln, vorgelegt von **Maria Bringewald** im Jahre 1924.

Wider Erwarten hat die Arbeit, weil ausgelagert, den Bombenkrieg überstanden. Ich habe sie in Form von Mikrofiches bei der Fotostelle der Unibibliothek Köln beschafft, für mich ausgedruckt (102 Seiten), und die Fiches dem Deutschen Literaturarchiv in Marbach geschenkt. Die Aussagen dieser Dissertation sind überholt, denn die Doktorandin hielt Mörikes Weltsicht für *„harmlos-humoristisch... im Gleichgewicht von Intellekt und Gefühl, angeborener heiterer Laune, welt-umfassender Liebe und Gläubigkeit“*. Derber Humor sei *„allen schwäbischen Dichtern stammeseigen“*(!).

Dagegen betonte **Werner Fuld** 1988 in der Zeitschrift „natur“/6: *„Zu Lebzeiten galt Mörike bei seinen Freunden und Lesern als die ideale Verkörperung des reinen Poeten. Man rühmte die sanfte Schönheit seiner Lyrik ebenso wie die Behaglichkeit seiner scheinbar so friedlichen Existenz...“ „Mörike führte mit seiner Schwester Klärchen in ländlicher Zurückgezogenheit ein idyllisches Leben, sein poetischer Sinn hielt es nie lange in der engen Studierstube aus“*, schrieb der Sohn von Mörikes Freund **Justinus Kerner.** Damit verbreitete er ein gängiges Bild des Dichters, das einer Fälschung gleichkommt. Wenige, ähnlich gefährdete Idylliker haben diese Selbstinszenierung durchschaut. **Hermann Hesse** nannte das Bild vom liebenswürdig harmlosen Poeten eine *„gründlich erlogene Fabel"*...

Was versteht man unter Humor? Die antike Medizin kannte vier Körpersäfte (humores), deren Mischung als entscheidend für Temperament und Charakter eines Menschen galt. Erst im 18. Jahrhundert erhielt das Wort seine jetzige Bedeutung: wohlwollende, gutmütige Heiterkeit. In der Ästhetik ist Humor eine Gattung des *Komischen*, also jede Art von übertreibender, Lachen erregender Kontrastierung. **Jean Paul** nannte Komik *„das umgekehrt Erhabene"* und **Kierkegaard** meinte, dass Komik außer Heiterkeit auch die Betrachtung menschlicher Schwächen und sogar die Kraft zum Erdulden von Leid enthalte.

Wenn wir diese Begriffe auf Mörike anwenden, erkennen wir den „Januskopf" seines Humors. Janus war der Gott der Türen. Die Doppelfunktion einer Tür, nämlich sowohl Eingang als auch Ausgang zu sein, wurde in der Antike durch zwei Gesichter auf beiden Seiten eines Kopfes dargestellt: das eine blickte fröhlich, das andere traurig. „Januskopf" bedeutet also *„mit einem lachenden und einem weinenden Auge"* oder: Mörikes Humor ist doppeldeutig, nicht eindimensional.

Als Schüler trieb Eduard mutwillige Possen, beobachtete sehr genau und erfand originelle Scherze über Lehrer mit auffallenden Eigenschaften. Den Vorschriften im Uracher Seminar schlug er manches Schnippchen. 1822 schrieb er das Spottgedicht „Auf die Senioren der ersten Uracher Promotion". Auch während der Tübinger Studentenzeit war er ein Freund heiterer Geselligkeit. Doch daneben stand sein Hang zur Schwermut und zum Träumen. An seinen Freund **Theodor Storm** schrieb er: *„Ich bin Hypochonder von Haus aus - und kann im nächsten Augenblick wieder über meine extremen Sorgen lachen."*

Die letzten Zeilen des Gedichts „Trost" bestätigen dies:

Als ich dieses Wort gesprochen,
hüpfte mir das Herz im Busen,
das noch erst geweinet hatte.

Mörike liebte das Spiel mit Worten. Im Spaß schrieb er „Cleska" für Klara, „Artiglaub" für Freund Hartlaub, „Bagnes" für dessen Tochter Agnes, „Klepperfeld" für Cleversulzbach und „Warmbrechtshausen" für Wermutshausen. Aus seinem Namen machte er „von Meerigel". Ein Vikar habe ein „Vanillegesicht", ein anderer eine „Holzbockphysiognomie". Einen nannte er „eines Frisörs Sohn" - erinnerte der Mann ihn an Barbier Wispel aus dem *König von Orplid*? Oder roch er nach Haaröl?

Mörikes Sarkasmus gipfelte in Gelegenheitsgedichten:

Ei ja, es ist ein vortrefflicher Mann,
wir lassen ihn billig ungerupft.
Aber seinen Versen merkt man an,
dass der Verfasser Lateinisch kann -
und schnupft.

Oder der gute Rat: *„An...*

Lass doch dein Dichten, hast ja Geld.
Tropf! Brauch's, die Poesie lebendig zu betreiben!
Was gilt's, dich freut das Schönste in der Welt
Nur halb vor lauter Angst, du müsstest es beschreiben.

„Bei einer Trauung":

Vor lauter hochadligen Zeugen
kopuliert man ihrer Zwei.
Die Orgel hängt voll Geigen,
der Himmel nicht, mein Treu!
Seht doch, SIE weint ja greulich,
ER macht ein Gesicht abscheulich!
Denn leider, freilich, freilich –
keine Lieb ist nicht dabei.

Auch eine Lampe zu besingen, die dem Leuchtkörper eines antiken Freudenhauses gleicht, zeugt von Humor! Versöhnlich der berühmte Schlussvers: „Was aber schön ist, selig scheint es in ihm selbst."

Wispel, Buchdrucker und Sicherer Mann

Als Student erfanden Mörike und sein Freund Ludwig Bauer (1803-1846) die komischen Figuren Liebmund Wispel, Professor Sichéré, Buchdrucker, Suckelborst und Sicherer Mann. Darüber berichtet Mörikes *alter ego* im „Maler Nolten": *„Wir ersannen Märchen genug und Geschichten,*
insonderheit war nach und nach ein halbes Dutzend hochkomischer Figuren aufgekommen und ordentlich zu Fleisch und Blut geworden, so dass sie gleichsam einen Teil unseres täglichen Umgangs ausmachten." In einem Brief an Mörike vom 20. März 1838 bestätigte **Hermann Kurz** (1813-1873): *„Ich weiß keinen Poeten, dessen phantastische Gestalten so toll und so plastisch zugleich wären wie die Ihren."*

Es fällt auf, dass Mörike keine Frauen karikiert, sondern nur Männer! Die Vorbilder einiger Gestalten von barockem Gepräge waren ihm in seiner Jugend auf Straßen und Plätzen in Ludwigsburg begegnet. **Wispel** erinnert an den Perückenmacher Fribolin aus Justinus Kerners „Reiseschatten". Wispel ist Barbier von Beruf, *„ein verwahrloster Mensch von schwächlicher Gestalt und krankem Aussehen, eine spindeldürre Schneiderfigur... ein Gesicht wie Seife, triefende Augen... rötliches toupiertes Haar, mit allerlei gemeinem Fette beträufelt... die windige Art seines Benehmens, das Verworrene eines Gesprächs über Kunstgegenstände... ein seltenes Beispiel von Verrücktheit."*

Sein abgetragenes olivgrünes Fräckchen nennt er *„Fregatte"*, dazu trägt er *„schlechte Nanking-Beinkleider"*. In komischem Gegensatz zu diesem armseligen Äußeren steht *„sein stutzerhaft affektiertes Betragen, sein Vornehmtun"*, seine Art, sich geschraubt auszudrücken und sein krankhafter Ehrgeiz, zur besseren Gesellschaft gezählt zu werden. Der Maler entlarvt ihn als Kunstfälscher, trotzdem will er von Nolten bestätigt haben, *„ob er den höheren Ton und den vornehmen Takt, mit dem das point d'honneur behandelt werden müsse, sich nicht ziemlich gut angeeignet habe."* Feigheit, Verschlagenheit, Arroganz und Narrheit sind in Wispel grotesk vermischt. Nolten/Mörike sagt über ihn: *„Seine Albernheit, Verschmitztheit, Kriecherei, bei einer badermäßigen Einbildung, war ohnegleichen, alles stellte sich als bare Affektation und Unnatur heraus."*

Die Fremdwörtersucht karikiert Mörike, indem er Wispel sagen lässt: *„Eine Person, früher sehr an Sie attachiert, gegenwärtig in unseren Mauern habitiert, freilich unter so prekären Umständen, dass ich zweifle, ob ein Mann wie Sie es anständig findet, sich einer solchen Liaison auch nur zu erinnern..."* Wispel führt unendliche Gespräche in *„süßlich lispelnder Sprache"*, unter beständigem Hüsteln, Blinzeln und Kichern. Viele seiner Zähne sind ausgefallen und er bildet sich ein, dadurch eine angenehm weiche Aussprache zu haben! Weil er kein R sprechen kann, *„so darf ich von meinen ausgefallenen Zähnen füglich sagen, sie seien lauter elidierte Erre."*

Mörikes Trick, diese Figur aus dem „König von Orplid" als Diener in die „Lebenswirklichkeit" der Romanfigur Theobald Nolten einzuführen, empfinde ich als einen fast modernen Zug ins Satirisch-Ironische, auf den meines Wissens noch kein Rezensent hingewiesen hat.

Professor Sichéré ist eine weitere skurrile Figur. Er will bei jeder Gelegenheit seine „Gelehrsamkeit" zur Geltung bringen und „überhöht" sein dilettantisches Halbwissen durch Floskeln, Redensarten, dreiste Geschwätzigkeit. Er spricht mit affektiertem französischem Akzent und verfasst läppische Gedichte, die er zusammenfasst unter dem Titel „Sommersprossen von L. M. Wispel. Bel Esprit, herausgegeben von Sichéré." Diese Gedicht-Sammlung fand sich in Mörikes Nachlass und zeugt von seiner Begabung für höheren Blödsinn.

Ein weiterer würdiger Begleiter von Wispel ist der **Buchdrucker** (in der überarbeiteten Fassung heißt er Gumprecht). Auch hier zielt Mörikes Spott auf die Philister! Ein Bewohner von Orplid sagt über ihn: *„So keinen Säufer sah ich in meinem Leben. Sein Verstand ist ganz verschlammt, er red't langsam und gebrochen, auf zehn Schritte riecht er nach Branntwein."* Er ergeht sich in wüsten Beschimpfungen und lebt ständig in der Furcht, von dem Barbier übervorteilt zu werden. Wispel dagegen fürchtet sich vor den Fäusten des Buchdruckers (feine Freunde!). Auch **Suckelborst, „der Sichere Mann"**, ist einem Ludwigsburger Original nachgebildet: dem Brunnenmacher Kempf, einem Mann von ungeheurem Körperumfang *„der mehr gerutscht als gegangen kam"*. In dem Gedicht „Märchen vom Sicheren Mann" verspottet Mörike den Würdevollen als Tölpel: „Lauter Nichts ist sein Tun und voll von törichten Grillen". Weil Lolegrin, der Sohn von Inselgöttin Weyla ihn jedoch lobt und als „altersweisen Lehrer" bezeichnet, zerrt der unförmige Riese Scheunentore aus den Angeln und macht daraus ein Buch, aus dem er in der Unterwelt den Geistern der Toten vorliest. Als der Teufel ihn deshalb verhöhnt, reißt Suckelborst ihm den Schwanz aus und benutzt ihn als Lesezeichen!

Weitere Situationskomik: der Vater von Maler Nolten versucht vom Bett aus, mit seinem Vogelrohr Lehmkugeln auf seine unbotmäßigen Kinder zu schießen! In dem 1861 entstandenen Gedicht „Besuch in der Kartause" behauptet der Pater, seine Uhr sei kaputt. In Wirklichkeit hat er sie beiseite geräumt, weil das aufgemalte Motto *„Una ex illis ultima"* (Eine dieser Stunden wird die letzte sein) ihn an den Tod erinnert, vor dem er Angst hat! Ein Priester sollte doch nicht lügen und keine Angst vor dem Himmel haben!!

Präzeptor Ziborius, der „faustische" Essigfabrikant, ist die Karikatur eines Ludwigsburger Originals: Chemiker Staudenmeyer, der auch bei Kerner vorkommt.

Köstlich der **Sehrmann** in dem Gedicht *„An Longus"*:

Von Widerwarten eine Sorte kennen wir...
Ja, einen eignen Namen ihr erschufest du
und heute noch beneid ich dir den kühnen Fund....
Im grünen, goldbeknöpften Frack ein junger Herr
mit einer hübschen Dame, modisch aufgepfauscht.
Schnurrbartbewußtsein trug und hob den ganzen Mann
und glattgespannter Hosen Sicherheitsgefühl...
Sie aber lachte pünktlich jedem dürftgen Scherz.
Der treue Pudel, an des Herren Knie gelockt,
wird, ihr zum Spaße, schmerzlich in das Ohr gekneipt,
bis er im hohen Fistelton gehorsam heult,
zu Nachahmung ich weiß nicht welcher Sängerin.
Nun, dieser Liebenswerte, dächt ich, ist doch schon
beinahe, was mein Longus einen S e h r m a n n nennt,
und auch die Dame war in hohem Grade s e h r ...
Doch kann der Sehrmann Buße tun? O nimmermehr!
Drum fürcht ich, wenn sein abgeschiedner Geist dereinst
sich frech genug des Paradieses Pforte naht...
schwenkt er in höchster S e h r h e i t trotziglich, getrost
sich ab und schwänzelt ungesäumt der Hölle zu.

Die Idylle am Bodensee

Wie eine Parodie erscheint mir dieses Gedicht, wenn Mörike für zwei ineinander verschachtelte Fischer-und-Bauern-Grotesken homerische Töne anklingen lässt.

„Schwebe nunmehr, o mein Lied,
feldwärts auf beweglichen Schwingen"

bittet er und berichtet, wie der Fischer Martin („Märte") zwei geldgierige Schneider mit einer nicht vorhandenen Glocke hereinlegt und später der geizigen Braut **Gudrun** den hochgetürmten Hochzeitswagen stiehlt. Mitten im Wald feiert er mit seinen Freunden ein „Hochzeitsfest" mit Braut und Bräutigam aus Stroh! Eine *Idylle* fürwahr!

Gudrun ist vor dem ganzen Dorf blamiert, aber die braven, schlichten und treuen Mädchen **Käthe** und **Margrete** werden von ihren Liebsten belohnt: *„Schmatz, Schmatz!"* Eine heitere Posse in antikem Gewand!

Der alte Turmhahn

Schon die Idee, einen ausrangierten Turmhahn zu besingen, ist witzig. Die knapp 300 Verse lange „Idylle" schildert den Alltag in einem Pfarrhaus (Cleversulzbach) aus Sicht des Wetterhahns, den der Pfarrer vor dem Verschrotten gerettet hat. Zum Schluss gesteht der Turmhahn, dass er gern einmal *„mit Mann, Weib und Kind, der ganze Käs!"* Schlitten fahren möchte! Aber der alternde Dichter ermahnt ihn (und damit sich selbst!):

„Du alter Scherb, schämst du dich nicht
auf Eitelkeit zu sein erpicht?
Geh in dich, nimm dein Ende wahr!
Wirst nicht noch einmal hundert Jahr!"

Das Stuttgarter Hutzelmännlein

Absolut komisch ist die Verquickung von bäuerlicher Burleske mit erfundenen Märchen- und Sagengestalten im „Stuttgarter Hutzelmännlein". Ausdrücke wie *Scheurabwurzler, Malefizspitzbub, kurzer Zagstock, Soterer, Läuresblosel, Letzkopf* und *Küllhasen* werden vom Dichter im Anhang erklärt, auch tauchen Stuttgarter Fasnetfiguren auf, wie der *Wurstelmaukeler, Knegler, Hanswurst, Schellennarr und der kropfige Gansgalli.*

Dem jungen Schustergesellen **Seppe** erscheint ein Zwerg, der sich Hutzelmännlein, Pechschwitzer oder Tröster nennt. Er schenkt ihm zwei Paar Glücksschuhe, die Seppe zunächst falsch anzieht, so dass ihm allerlei Ungemach zustößt auf seiner Wanderung von Stuttgart über

Metzingen zum Blautopf. Zum Klassiker geworden ist die eingeschobene „Historie von der **Schönen Lau**."

Eine Wasserfrau, die nicht lachen kann, wird durch bodenständige Menschen wie die dicke Wirtin **Betha Seysolffin** mit ihren Söhnen Xaver (Klosterkoch) und Stephan (mit Frau und Kind) fünfmal zum Lachen gebracht, woraufhin ihr griesgrämiger alter Mann, der Donaunix vom Schwarzen Meer, sie wieder aufnimmt.

Seppe und seine Freundin **Vroni** sind Naturkinder, die in allen Lebenslagen heiteren Sinn bewahren. Seppe trifft einen Grafen, der einen Krakenzahn als „Salomos Zahnstocher" ausgibt; einen gierigen Schuster, dessen Schuhe der Pechschwitzer zur Strafe ins Wasser wirft; und die Ulmer Wirtin, die ihre Ehemänner umbringt. Das Gedicht enthält außerdem die genaue Beschreibung eines Stuttgarter Fasnetumzugs vor 150 Jahren, sowie den bekannten Zungenbrecher:

S'leit a Klötzle Blei - glei bei Blaubeura,
glei bei Blaubeura - leit a Klötzle Blei.

Mozart auf der Reise nach Prag

Im „Hutzelmännlein" und in der „Idylle am Bodensee" begegneten wir volkstümlichem Humor und bäuerlichen Späßen. Anders der Humor in der Mozartnovelle. Mörike liebte die heitere Anmut der Mozart'schen Musik. Er teilte mit dem Komponisten die Freude an Scherzen wie die Dukaten-Fliegenklatsche, mit der Mozart seine Frau **Constanze** foppt. Dazu die Fähigkeit, sich mit Unabänderlichem abzufinden, ja sogar gute Seiten daran zu erkennen: Als seine Frau über das zerbrochene Riechfläschchen jammert, weist Mozart sie darauf hin, dass dieses Missgeschick in der Kutsche ihre ermüdeten Geister erfrischt und ihr Gespräch wieder belebt hat. Auch das Pech mit der versehentlich gepflückten Pomeranze verwandelt Mozart in einen Erfolg: Sie werden vom Grafen eingeladen.

Beispiel für einen heiteren Dialog (der Umweltschützern gefallen dürfte!): Im Wald begeistert sich **Mozart:** *„Ein ganzes Volk von Bäumen beieinander!"* **Constanze:** *„Man könnte denken, du habest noch nicht zwanzig Schritte hinein in den Prater gesehen, der solche Raritäten doch auch wohl aufzuweisen hat."*

„Was Prater! Sapperlot, wie du nur das Wort hier nennen magst! Vor lauter Karossen, Staatsdegen, Roben und Fächern, Musik und allem Spektakel der Welt, wer sieht denn da noch sonst etwas? Und selbst die Bäume dort, so breit sie sich auch machen - ich weiß nicht - Bucheckern und Eicheln, am Boden verstreut, sehn halter aus als wie Geschwisterkind mit der Unzahl verbrauchter Korkstöpsel darunter. Zwei Stunden weit riecht das Gehölz nach Kellnern und nach Soßen." „Oh unerhört!" rief sie, „so redet nun der Mann, dem gar nichts über das Vergnügen geht, Backhähnl im Prater zu speisen!"

Auch die Szene, in der sich die beiden Mozarts Berufung als Kapellmeister an den Hof des preußischen Königs ausmalen, ist fröhlich-heiter und löst sich „zuletzt in reinem Mutwillen, Lärm und Gelächter" auf. Trotz des Missgeschicks mit dem Pomeranzenbaum begrüßen Graf und **Gräfin** sowie deren Nichte **Eugenie** Mozart im Schloss. Eugenie ist *„ein blühendes, höchst anmutiges, inniges Wesen. Sie war blond, ihre schlanke Gestalt in karmoisinrote, leuchtende Seide mit kostbaren Spitzen festlich gekleidet"*. Sie singt eine Arie aus „Figaros Hochzeit" und wird vom Komponisten gelobt.

Meisterhaft, wie Mörike in diese Leichtigkeit des Seins das Todesmotiv einflicht:

Denk es, o Seele

Ein Tännlein grünet wo,
wer weiß, im Walde;
ein Rosenstrauch, wer sagt
in welchem Garten?
Sie sind erlesen schon,
denk es, o Seele,

auf deinem Grab zu wurzeln
und zu wachsen.
Zwei schwarze Rösslein
weiden auf der Wiese,
sie kehren heim zur Stadt
in muntern Sprüngen.
Sie werden schrittweis gehen
mit deiner Leiche;
vielleicht, vielleicht,
noch eh an ihren Hufen
das Eisen los wird,
das ich blitzen sehe.

Hesse und die Frauen

Großeltern
Vater und Mutter
Adele und Marulla
Eugenie Kolb
Julie Hellmann
Helene Voigt-Diederichs
Elisabeth Laroche
Mathilde Wackernagel-Burkhardt
Henriette Ensslin
Marie Bernoulli
Ruth Wenger
Ninon Ausländer
Emmy Ball-Hennings
Ilona Durigo, Alice Leuthold
Tilly Wassmer, Helene Welti
Elsy Bodmer

Frauen in seinen Romanen

Lulu
Rösi Girtanner, Erminia, Elisabeth
Emma Gessler
Liddy, Gertrud Imthor, Brigitte Teiser
Adele Veraguth
Beatrice, Frau Eva
Gina, Ersilia, Edith
Kamala
Erika, Hermine, Maria
Lise, Lydia und Julie, Lisbeth u.a.
Ada Knecht

Hermann Hesse

Lebensdaten von Hermann Hesse

1877 am 2. Juli in Calw geboren
1881 im Baseler Missionshaus (bis 1886)
1890 Lateinschule in Göppingen, 1891 Maulbronn
1892 in Bad Boll, Stetten, Basel; Gymnasium in Cannstatt; Lehre in Esslingen und Calw
1895 Buchhändlerlehre in Tübingen (bis 1898)
1899 Buchhändler und Antiquar in Basel (bis 1903) *Romantische Lieder, Stunde hinter Mitternacht*
1900 *Hermann Lauscher*, Gedichte
1904 *Peter Camenzind.* Ehe mit Maria Bernoulli.
1905 Bruno,
1909 Heiner,
1911 Martin geboren.
1906 *Unterm Rad,*
1910 *Gertrud*
1911 *Unterwegs.* Reise nach Indien mit Sturzenegger
1912 in Bern (bis 1919). Aus Indien. Rosshalde.
1915 Knulp. Am Weg. Musik der Einsamen.
1919 Übersiedlung nach Montagnola „Casa Camuzi" ohne die Familie. Demian. Märchen. Zarathustras Wiederkehr.
1920 Klingsors letzter Sommer.
1922 *Siddhartha.* 1923 Scheidung. Schweizer Bürger
1924 Ehe mit Ruth Wenger. 1925 *Kurgast*
1927 *Der Steppenwolf.* Erste Biografie von Hugo Ball zu Hesses 50. Geburtstag. Scheidung von Ruth.
1930 *Narziß und Goldmund*
1931 Ehe mit Ninon Dolbin geb. Ausländer
1932 *Die Morgenlandfahrt*
1943 *Das Glasperlenspiel.*
1946 Goethepreis, Nobelpreis. 1947 Dr. h.c. Uni Bern.
1955 Friedenspreis des Dt. Buchhandels
1957 *Gesammelte Schriften,* 7 Bände
1962 am 9.August stirbt Hermann Hesse in Montagnola, Beerdigung am 11.August 1962

Hesses Frauen

Wir haben Friedrich Schiller als Vollender der dramatischen Kunst, als „deutschen Shakespeare“ erlebt und Eduard Mörike als begnadeten Lyriker. Jetzt folgt mit Hermann Hesse der unnachahmliche Prosadichter, der sprachgewandte Erzähler, unruhige Wanderer und leidende Hypochonder. Ergebnis von sechzig Sitzungen bei einem Schüler des Psychoanalytikers C. G. Jung (und später bei diesem selbst) war, dass Hesse an sich selbst nicht froh wurde und seine Romane eigentlich alle Selbstdarstellungen und Selbstanalysen sind, allerdings in vollendeter Sprache und mit zarten, belebten Bildern.

Die Lebensgeschichte des Dichters erschließt sich aus seinem Werk. Er schrieb keine historischen Romane, es ging ihm um Erziehung und Entwicklung des eigenen Ich, um Probleme des Menschen in dieser Welt, die er durchaus kritisch und mit ironisch gefärbtem Humor sah. Wie bei Mörikes Entwicklungsroman „Maler Nolten“ stand auch bei Hesses frühen Bildungsromanen Goethes „Wilhelm Meister“ im Hintergrund, doch hielt sich Hesse nicht so eng an das Vorbild wie Mörike.

Seine Eltern gaben den schwierigen Jungen früh außer Haus, weil sie nicht mit ihm fertig wurden - seine „Wanderjahre“ begannen mit dreizehn und führten durch Höhen und Tiefen. Seine Beziehung zu Frauen schwankte zwischen dem Wunsch nach „bürgerlicher Wohlanständigkeit“ und absoluter Unabhängigkeit, die er für seine Arbeit brauchte. Um diese Diskrepanz zu erklären, müssen wir bei ihm weiter zurückgehen als bei den anderen Autoren. Den Grund für die unerbittlich streng pietistisch geprägte Familie, in die er hineingeboren geboren wurde, legten die Großeltern.

Die Großeltern

Dr. Hermann Gundert (1814-1893), in Stuttgart geboren, war ein begabter Theologe, im Maulbronner Seminar Schüler des unkonventionellen David Friedrich Strauß. Als Lehrer der Söhne von Anton Norris-Groves, einem englischen Missionar, ging er 1836 nach Indien. Um Leiter der Deutschen Mission in Tinneweli werden zu können, musste er verheiratet sein. Er wählte 1838 die zeitlebens französisch sprechende Erzieherin **Julie Dubois** (1809-1885), eine asketisch strenge junge Calvinistin aus der Schweiz, die sich ihrem Mann unterlegen fühlte. Von Hausarbeit hielt sie nichts, nahm jedoch die Missionsarbeit sehr ernst. Rasch hintereinander wurden zwei Söhne geboren: Hermann (1839-1921) und Samuel (1840-1880), dann Hesses Mutter **Marie** 1842. Als Julie erkrankte, fuhr die Familie 1846 nach Europa. Vor der Rückkehr nach Indien blieben die Kinder, wie in Missionarsfamilien üblich, in der Obhut des Basler Missionshauses; als Gymnasiasten lebten die Söhne später bei den Großeltern in Korntal. In Indien brachte Julie drei weitere Söhne zur Welt: Friedrich (1847-1925), Paul (1849-1871) und David (1850-1945). Die Gunderts lebten insgesamt 22 Jahre in Indien, 1859 gingen sie zurück nach Basel, 1860 übernahm Gundert den 1833 von Pfarrer C. H. Barth gegründeten Calwer Verlagsverein. In „Kindheit eines Zauberers" schildert Hermann Hesse seinen Großvater: Er *„stak in einem Wald von Geheimnissen, wie sein Gesicht in einem weißen Bartwald stak, aus seinen Augen floss Welttrauer und floss heitere Weisheit... einsames Wissen und göttliche Schelmerei."* Er nannte ihn *„einen weisen und unbeschadet seiner großen Gelehrsamkeit sehr menschenkundigen alten Mann"*.

Dr. Carl Hermann Hesse (1802-1896), der Großvater väterlicherseits, stammte aus einem Lübecker, später ins Baltikum ausgewanderten Geschlecht. Er war Arzt und kaiserlich-russischer Staatsrat. Hermann Hesse schreibt: *„Die schönsten Geschichten, die ich als Kind gehört habe, waren* *die, die mein Vater uns von ihm und von seiner Heimat Weißenstein erzählte. Ich habe den Großvater, sein Städtchen und sein Haus nie mit Augen gesehen aber ich kenne sie genauer als viele Städte und Länder, die ich wirklich gesehen habe.“*

Dr. Hesse galt als origineller, fröhlicher Lebenskünstler. Mit seiner ersten Frau **Jenny Lass** (1807-1851) hatte er fünf Kinder: Agathe (1832-1840), Gertrud (Trudi, 1835-1888, verheiratet mit dem Pfarrer August Johannsohn), Jenny (1840-1926, Lehrerin, betreute ihren alten Vater) Marie (1844, im gleichen Jahr gestorben) und **Johannes**, Vater des Dichters. Jenny Lass und ihr letztes Baby starben bei der Geburt.

Auch Carl Hesses zweite Frau **Lina Müller** (1821-1854) starb bei der Geburt ihres Sohnes Hermann (1854-1910, Patenonkel des Dichters, verheiratet mit Jenny Clever). Johannes sah die dritte Frau **Adele von Berg** (1821-1891) als Mutter an. Als sein Vater Adele heiratete, war Johannes knapp neun Jahre alt. Zwei weitere Halbbrüder wurden geboren: Gustav (1856-1920) und Georg (1858-1887).

Der Dichter Hermann Hesse war also umgeben von zahllosen Geschwistern, Halbgeschwistern, Tanten und Onkeln, Vettern und Cousinen sowohl auf der mütterlichen als auch auf der väterlichen Seite (die vermutlich alle glaubten, besser zu wissen, *„was für den Jungen gut ist“* als er selber!). Sein Lieblingsvetter war der Sinologe Wilhelm Gundert.

Die Eltern Marie und Johannes Hesse

Marie Gundert, verwitwete Isenberg (1842-1902) und Johannes Hesse (1847-1916) heirateten 1874 auf Wunsch des Patriarchen Hermann Gundert, Maries Vater, der bis zu seinem Tod 1893 ihr Leben zu bestimmen wünschte.

Marie Gundert, 1842 in Talatscheri an der Küste von Malabar geboren, war vier Jahre alt, als sie von den Eltern in Basel zurückgelassen wurde. Acht Jahre verbrachte sie im Missionsheim Gundeldingen, dann besuchte sie ein konfessionelles Mädcheninstitut in Korntal, wo ihre Großeltern lebten und ihre Brüder zur Schule gingen. Eine leidenschaftliche Beziehung zu ihrer Freundin Olga, die wegen Aufsässigkeit aus dem Internat flog, schürte Maries Oppositionsgeist. Nach einem empörten Brief der Anstaltsleiterin nahm der Vater Marie von der Schule und schickte sie als Haustochter nach Neuchatel. 1857 durfte sie endlich zu ihren Eltern nach Indien zurückkehren. Unterwegs auf dem Schiff verliebte sie sich in **John Barns**, einen englischen Kaufmann, der sofort schriftlich bei Maries Vater um ihre Hand anhielt - und von Gundert als „Weltmann“ abgelehnt wurde.

Marie war klein, beweglich und besaß das französische Temperament ihrer Mutter. Sie lehnte sich gegen die Entscheidung des Vaters auf und wartete auf ein Lebenszeichen ihres Geliebten - vergebens, der Vater hielt die Briefe zurück! In ihren Erinnerungen schildert Marie ihre *„Bekehrung“*: Unter dem Einfluss eines Missionars, den sie verehrte, beschloss sie am 24.Februar 1858, sich Gottes Willen und den Eltern zu unterwerfen.

Nach einigen Monaten in Basel zog Familie Gundert 1860 in das große Haus des Calwer Verlagsvereins, zusammen mit den jüngsten Söhnen, die ihre Kindheit im Knabenheim der Basler Mission verbracht hatten.

Zum ersten Mal war die Familie unter einem Dach vereint. 1861 lernte Marie den jungen Missionar **Charles Isenberg** (1840-1870) kennen und wartete auf ihn, bis er seine Ausbildung in England abgeschlossen hatte. Mit 23 Jahren folgte sie ihm nach Indien. Ihr erster Sohn Hermann starb als Säugling, Theodor (1866-1941) und Karl (1869-1937, in Ludwigsburg beerdigt) überlebten. Der Dichter schrieb später, sein Halbbruder **Theo** sei *„der Charmeur, der Herzliche und Heitere“* und *„stets optimistisch“* gewesen. Er wurde Apotheker und versuchte eine künstlerische Laufbahn als Sänger, in der er scheiterte. Karl Isenberg besuchte 1883-1887 das Maulbronner Seminar. In Tübingen promovierte er zum Dr. phil. und lebte später als

Gymnasialprofessor in Ellwangen. 1899 vertonte er Hesses Gedicht vom „Königskind" und heiratete die Tochter des Calwer Dekans, Lis Berg (1874-1950). Ihr 1901 geborener Sohn Carlo wurde das Vorbild des „Carlo Ferromonte" im *Glasperlenspiel*.

Nach dem Tod ihres Mannes Charles (er wurde per Schiff überführt und in Korntal beigesetzt) fand Marie als 28-jährige Witwe Aufnahme im Haus ihrer Eltern. Seit ihrer Kindheit litt sie unter dem Gefühl, unerwünscht und abgeschoben zu sein. Trotzdem sang sie während der Hausarbeit. *„Meine Mutter war voller Musik, mein Vater nicht"*, erinnerte sich Sohn Hermann und lobte ihre Erzählkunst: *„meine Mutter... schmiegsam und geduldig, mit den unvergleichlichen Braunaugen"*. Bevor sie nach Deutschland zurückkehrte, hatte sie die Chance, in Indien Ärztin zu werden, ihrer Söhne wegen ausgeschlagen.

In ihrer zweiten Ehe gab Marie sechs Kindern das Leben: **Adele** (Adis, 1875-1949), **Hermann** (1877-1962); Paul (1878) und Gertrud (1879/80) starben früh; Maria (**Marulla** 1880-1953) und Johannes (**Hans** 1882-1935).

Marie war eine gebildete Frau, die ihren Mann in der Verlagsarbeit unterstützte. Während der Zeit in Basel übersetzte sie religiöse Traktate und Märtyrerbiografien und verfasste zahlreiche Gedichte. Im September 1885 widmete sie Julie Gundert, ihrer verstorbenen Mutter, einen Nachruf:

Von uns ist sie still geschieden
Aus der Welt voll Angst und Pein,
unsre Mutter, die hienieden
nie verlernte fremd zu sein.

Marie sorgte sich zeitlebens um Hermann, ihren älteren Sohn, lehnte aber seine ersten Gedichte als zu weltlich (unmoralisch!) ab. Das führte zu einer Entfremdung, die bis zu ihrem Tod 1902 nicht behoben war. Der Sohn kam nicht zu ihrer Beerdigung, schrieb aber später ein zärtliches Gedicht, das Adele Hesse-Gundert in ihr Buch „Marie Hesse" aufnahm:

Ich hatte dir so viel zu sagen,
ich war zu lang im fremden Land,
und doch warst du in all den Tagen
die, die am besten mich verstand.

1946 schrieb Hermann an seine Schwester Adele: *„Die gütige Weisheit des Großvaters, die unerschöpfliche Phantasie und Liebeskraft unserer Mutter und die verfeinerte Leidensfähigkeit und das empfindliche Gewissen unseres Vaters haben uns erzogen."*

Johannes Hesse, 1847 als Sohn von Jenny Lass und Dr. Carl Hesse im baltischen Weißenstein geboren, war vom Vater wegen Trotz und Zornausbrüchen (!) auf die berühmte Ritterschule zu Reval geschickt worden. Er wohnte bei Baron von Stackelberg, einem Freund der Familie, und kam nur in den Ferien nach Hause. Das Gefühl, verstoßen und einsam zu sein, kannte er ebenso wie seine Frau Marie und sein Sohn.

Am 12. März 1865 schrieb der 18-jährige Johannes aus Reval an die Basler Missionsgesellschaft: er wünsche *„...dem Herrn (Jesus), welchem ich mich mit allen Banden der Dankbarkeit verbunden fühlte und noch fühle, praktisch zu dienen."* Er wolle Missionar werden.

1865-1868 wurde er an der Basler Missionsschule ausgebildet, war dann ein Jahr lang Sekretär des Inspektors Hans Josenhans, seinem bewunderten Lehrer. Mit 22 Jahren predigte er in Heilbronn, dann ging er nach Indien. Er blieb drei Jahre. Die meiste Zeit unterrichtete er im Predigerseminar von Mangalur, doch hielt er das tropische Klima nicht aus. 1873 kehrte er nach Basel zurück, und das Missionshaus schickte ihn als Assistenten für Dr. Gundert nach Calw. Ein Jahr später heiratete er Gunderts verwitwete Tochter Marie.

Sohn Hermann schrieb über ihn: *„Er war ein Balte, ein Deutschrusse, und hat bis zu seinem Tode von den Mundarten, die* *um ihn herum und auch von seiner Frau und seinen Kindern gesprochen wurden, nichts angenommen, sondern sprach in unser Schwäbisch und Schweizerdeutsch hinein sein feines, gepflegtes, schönes Hochdeutsch. Dieses Hochdeutsch, obwohl es für manche Einheimische unser Haus an Vertraulichkeit und Behagen einbüßen ließ, liebten wir sehr,... ebenso wie die schlanke, gebrechlich zarte Gestalt, die hohe edle Stirn und den reinen, oft leidenden, aber stets offenen, wahrhaftigen und zu gutem Benehmen und Ritterlichkeit verpflichtenden, an das Bessere im anderen appellierenden Blick des Vaters.“* Der Sohn sah ihn als „Leidenden“ und Gegenbild zu dem vitalen Großvater.

Von 1881 bis 1886 lebte die Familie Hesse in Basel, wo Vater Johannes das Missionsmagazin herausgab, sowie Sprach- und Literaturunterricht erteilte (im „Hermann Lauscher“ beschreibt Hesse diese Jahre).

Unser Dichter wuchs, wie Eduard Mörike, in einer Familie mit strengen moralischen Grundsätzen auf. Als die Eltern nicht mehr mit ihm fertig wurden, begannen seine unfreiwilligen „Wanderjahre“. Sie führten über das Gymnasium in Göppingen, das Basler Missionshaus, das Seminar in Maulbronn (aus dem er floh), Bad Boll, das Irrenhaus in Stetten, Basel, Cannstatt, eine abgebrochene Lehre in Esslingen und eine ebensolche in Calw, als Buchhandelslehrling nach Tübingen. Das Tagebuch seiner Mutter und ihre Briefe geben Auskunft über diese Turbulenzen in Hermanns Jugend. Der Brief von Johannes Hesse am 10. März 1892 zeigt, in welch verschiedenen Welten Vater und Sohn lebten: *„Heute morgen kam Dein Brieflein. Du bittest, wir möchten Dich lieben nach wie vor. Ich kann Dich versichern, dass unsere Liebe nur wächst in dem Maße, als wir in Sorge um Dich sind. Liebe ist Sehnsucht nach Gemeinschaft, nach Übereinstimmung. Uns verlangt danach, mit dir eins zu werden. Sobald wir merken, dass Dir an unserer Liebe gelegen ist, freuen wir uns schon. Wir sehen darin ein Angeld dafür, dass es noch zur völligen Überein-stimmung kommen kann. Unser höchster Lebenszweck ist, Gott zu gefallen und Ihm in Seinem Reich zu dienen. Wenn das auch Dein Lebenszweck geworden ist, dann haben wir Gemeinschaft untereinander, dann ist alles Licht, Liebe* *und Freiheit. Solange das nicht der Fall ist, ist ein völliges Verständnis und darum auch ein völliges Einverständnis nicht möglich.“*

Noch deutlicher wird der Unterschied im Brief der Mutter, als der Diederichs-Verlag 1899 Hesses erstes Buch „Eine Stunde hinter Mitternacht“ veröffentlichte. *„Mein lieber Hermann“,* schrieb Marie Hesse, *„Papa hat Dein Buch noch nicht ansehen können. Ich habe es schnell durchgehastet und dann nachts nicht schlafen können. Die ‚Fiebermuse‘ meide als eine Schlange, sie ist dieselbe, die ins Paradies schlich und noch heute jedes Liebes- und Poesie-Paradies gründlich vergiften möchte. Von ihr sprach Gott zu Kain: Lass Du ihr nicht den Willen! O mein Kind, fliehe sie, hasse sie, sie ist unrein und hat kein Anrecht auf dich, denn Du bist Gottes Eigentum, Ihm in der Taufe und schon lange vorher von Deinen Eltern ans Herz gelegt. Bete um große Gedanken und ein reines Herz. Mag die Form noch so schön sein - der edle Inhalt fehlt noch sehr. Halte Dich keusch! Kind, ich bin Deine Mutter und liebe Dich, wie nicht leicht sonst jemand Dich lieben kann, darum muss ich warnen und wahr reden. Mein Herz empört sich gegen solches Gift. Es gibt eine Welt der Lüge, wo das Niedre, Tierische, Unreine für schön gilt. Es gibt ein Reich der Wahrheit, der Gerechtigkeit, des Friedens, das uns die Sünde als Sünde zeigt und hassen lehrt und uns einführt zur göttlichen Freiheit. Herzenskind, Gott helfe Dir und segne Dich und rette Dich heraus!“*

Die Schwestern Adele und Marulla

Ältere Schwestern scheinen für sensible Jungen wichtige Erzieherinnen zu sein, besonders in Bezug auf deren Einstellung zu Frauen. Bei Goethe und Mörike griff die große Schwester bestimmend in das Leben des Bruders ein. Schiller und Hesse gingen rationaler damit um: Sie liebten und achteten ihre Schwestern, gaben ihnen aber keine Macht über sich.

Adele Hesse (Adis, 1875-1949) nahm ihre Aufgabe als älteste Tochter ernst. Als sie vierzehn war, erlebte sie den Nervenzusammenbruch des Vaters. Sie half ihrer Mutter bei der Suche nach einem eigenen Haus, als Marie Hesse die räumliche Trennung von ihrem Vater wünschte, *„um ihren Johnny zu retten"*, wie sie später schrieb. 1892 überbrachte Adele dem Vater die Schreckensnachricht von Hermanns Flucht aus Maulbronn. Sie unterstützte die Mutter im Haushalt, kümmerte sich um die jüngeren Geschwister und war zeitlebens Hermanns vertraute Briefadressatin. 1906 heiratete sie ihren Vetter Hermann Gundert (1876-1956), Pfarrer in Hopfau, Höfen, Unterreichenbach und Eckenweiler, ab 1938 in Korntal. Im „Gedenkblatt an Adele", nach ihrem Tod 1949 geschrieben, nennt Hesse seine Lieblingsschwester *„seinen guten Geist"*.

Für **Marulla** (eigentlich Maria, 1880-1953), die jüngere Schwester, schrieb Hesse mit elf Jahren sein erstes Märchen „Die beiden Brüder". Von Ostern 1895 bis1896 besuchte Marulla das Tübinger Mädchenpensionat des Fräulein von Reutern. Dort besuchte sie der Bruder gleich zu Beginn seiner Buchhändlerlehre. Alles, was er erlebte und in Briefen nach Calw minutiös beschrieb, wurde zur Vorlage für seine späteren Erzählungen.

Marulla ließ sich zur Lehrerin ausbilden und wurde Ende April 1900 Erzieherin im Haus der Freifrau von Gaisberg in Tübingen. Nach dem Tod ihrer Mutter Marie 1902 arbeitete sie als Sekretärin ihres Vaters, ging für eine Weile nach München und pflegte später den kranken, zum Schluss erblindeten und unduldsam gewordenen Vater in Korntal, bis auch er 1916 starb. Während der beiden Weltkriege, als die Verbindung zwischen der neutralen Schweiz und den Krieg führenden Mächten schwierig war, bildeten die Schwestern Hermanns Brücke zur Heimat und zu seinen Verlagen. Er überschrieb ihnen seine Einkünfte, weil er deutsches Geld nicht in Schweizer Franken eintauschen konnte. Auch für Marulla schrieb Hesse 1953 einen Nachruf.

Eugenie Kolb

1892 brachte Marie Hesse ihren Sohn zu Christoph Blumhardt, den Leiter der evangelischen Akademie in Bad Boll, um dem 15-Jährigen den *„Teufel auszutreiben"*. An einem freien Wochenende fuhr Hermann nach Bad Cannstatt und besuchte seinen Halbbruder, den Apotheker Theodor Isenberg. Dort lernte er Eugenie Kolb, eine lebhafte 22-Jährige, kennen und verliebte sich in sie. Bei ihr und ihrer Mutter fühlte er sich (verständlicherweise!) wohler als in der Anstalt, in die man ihn verbracht hatte. Als das Mädchen seine Liebeserklärung sanft, aber entschieden zurückwies, kaufte er einen Revolver, um sich zu töten. Mutter Marie alarmierte ihren Bruder David Gundert und ihren ältesten Sohn Theo, gemeinsam schafften sie den Jungen in die Irrenanstalt Schloss Stetten. Von dort aus schickte Hermann an Eugenie eine Mappe mit 23 Gedichten, die er ihr zu Ehren verfasst hatte. Sie antwortete am 20. Juli, einen Monat nach Hesses Selbstmordversuch: *„Ich bitte sie, lieber Herr Hesse, inständig, vergessen Sie, was Sie hinter sich haben und sorgen Sie vor allem für Ihre Gesundheit. Denken Sie, und glauben Sie mir, wenn ich Ihnen sage: Die erste Liebe ist nie und nimmer die richtige. Wenn es auch bitter ist, eine Enttäuschung in Herzensangelegenheiten zu erleben, so war es doch so am besten für Sie."* Sie bot ihm Freundschaft an, die der Junge zunächst akzeptierte. Doch als er sie während der Gymnasialzeit in Cannstatt besuchte, hielt Eugenie wieder mehr Abstand, und er stürzte erneut in eine Krise.

Eugenie Kolb und Elisabeth Laroche verschmolzen in Hesses Dichtungen zur Figur der unerreichbaren Geliebten.

Helene Voigt-Diederichs (1875-1961)

Im September 1897 las eine junge Norddeutsche Hesses Chopin-Gedicht in der Zeitschrift „Dichterheim" und schrieb ihm in einem überschwänglichen Brief:

„...wenn jemand mit ein paar Worten eine Saite in uns berührt hat, die nun lange, lange nachschwingt. Immerfort muss man den Kopf wenden und auf den tiefen, geheimnisvollen Ton lauschen." Hesse antwortete beglückt: „Ihr Brief... tat mir wohl. Ich bin so wenig an Freundschaft und Freundlichkeit gewöhnt."

Helene Voigt wurde als fünftes von neun Kindern auf Gut Marienhof in Schleswig-Holstein geboren. Als sie den Brief schrieb, war gerade ihr erstes Buch „Landleute" von einem Verlag angenommen worden. Durch lebhafte Korrespondenz verliebte Hesse sich in Helene, ohne ihr je zu begegnen. In einem Brief an die Eltern nannte er sie *„meine fremd-bekannte Freundin"*. Groß war seine Enttäuschung, als sie am 4. Juni 1898 den Verleger **Eugen Diederichs** (1867-1930) heiratete und ein Jahr später Tochter Ruth zur Welt brachte. Hesse profitierte jedoch von dem Interesse des Ehepaars an ihm: Diederichs verlegte Hesses Buch „Die Stunde hinter Mitternacht" (es wurde ein Verlustgeschäft). In seinem Verlag erschien 1971 auch Helenes Briefwechsel mit Hesse, herausgegeben von Bernhard Zeller, dem ehemaligen Leiter des Literaturarchivs in Marbach.

Julie Hellmann (1878-1972)

Im August 1899 verließ Hesse nach abgeschlossener Buchhändlerlehre Tübingen. Bevor er zurückfuhr nach Calw, um von dort aus eine Stelle in Basel anzutreten, verbrachte er mit Ludwig Finckh und weiteren Freunden, genannt „petit cénacle", zehn ausgelassene Ferientage in Kirchheim unter Teck. Die Nichte des Kronenwirts dort hieß nicht Maria Meyer, sondern Julie Hellmann und wurde nicht als „Peregrina", sondern als **Lulu** im „Hermann Lauscher" (und von Ludwig Finckh in seiner Erzählung „Verzauberung") poetisch verklärt. Zwei Freunde verliebt in eine Frau - die Parallele zu Mörike, Maria Mayer und Lohbauer in Ludwigsburg 1823 drängt sich auf! Finckh war es Ernst, und Hesse ließ sich *„vom Netz dieses*

Liebesmärchens umstricken". Im Lulu-Kapitel des „Hermann Lauscher" erscheint Julie auch als *„Traumprinzessin Lilia*". In seinen poetisch gefärbten Liebesbriefen nannte Hesse sie *„Mein Lulumädele*" und widmete ihr die Gedichte „Herrin, wirst du lachen müssen" und „Ich will mich tief verneigen". Der Prinzessin Lula-Lilia gewidmet sind: „Silberlied muss schweigen", „Aller Friede senkt sich nieder" und „Ein König lag in Banden". Aber schon im Dezember 1899 schrieb Hesse an Ludwig Finckh: *„Die Romantik ist verflogen und Lulu glänzt nur noch wie ein heiliger Stern am Himmel.*" Er hielt, wie es seine Art war, dennoch den Briefkontakt aufrecht. Mit 70 Jahren gratulierte die unverheiratet in Möckmühl lebende Julie ihrem Jugendfreund zum Nobelpreis. Nach Hesses Tod überließ sie dessen Witwe ihre „Erinnerungen aus der Hessezeit - 10 Tage im August 1899", die Ninon Hesse im ersten Band von „Kindheit und Jugend vor 1900, Hermann Hesse in Briefen und Lebenszeugnissen 1877-1895 und 1895-1900" veröffentlichte. Julie starb an ihrem 94. Geburtstag (8.Mai 1972) in Heilbronn.

Elisabeth Laroche (1876-1965)

Das Urbild der von fern angehimmelten hohen, stolzen, unerreichbaren Frau, die in Hesses Frühwerk mehrfach auftaucht, lernte Hermann bei den Musikabenden im Hause des Pfarrers Emmanuel Laroche in Basel kennen. Tochter Elisabeth, Pianistin, Tänzerin und Choreografin, verzauberte den 22-jährigen Dichter, der damals - auf der Suche nach der ihm gemäßen Form - zwischen der Welt des Schönen und dem „Club der Entgleisten" in den Baseler Schenken hin und her taumelte. Hesse war ein sehr genauer Beobachter. Die wirkliche Elisabeth spielte Chopins Nocturne in Es-Dur, und ihr schmaler Mund wurde kindlich weich beim Anblick einer schön gemalten Wolke. Hesse dachte bei ihr zum ersten Mal daran, *„ein Weib zu freien*", weil er die Möglichkeit sah, mit einer Liebesehe *„die Brü-*

cke" vom Dichter, Wanderer, Trinker und Einspänner *„zur Menschheit schlagen"* zu können. Hesse hat seinem Biografen Hugo Ball gegenüber zugegeben, dass er die Elisabeth im „Peter Camenzind" der verehrten Elisabeth Laroche nachgezeichnet hat.

„Es tat ja weh, dass ich Elisabeth nicht haben konnte. Aber mein Leben, meine Freiheit und Denkweise blieb mir unverkürzt, und aus der Ferne liebhaben konnte ich sie ja nach wie vor, soviel ich wollte", lässt er Peter Camenzind denken. Und stellt spöttisch fest *„dass die Leiden verliebter Jünglinge... aller Tragik entbehren"*.

Wie im Falle von Elisabeth Laroche, Julie Hellmann, Elfriede Kolb und anderen Frauen (z.B. „Ersilia") gehört es zur Eigenheit des Dichters Hermann Hesse, dass er die Wirklichkeit in die Fiktion mitzunehmen verstand. und sie so sublimierte.

Mathilde Wackernagel-Burckhardt

Wenn er eine Frau verehrte, war immer etwas „Verliebtheit" dabei, gestand Hesse. Das dürfte auch auf die Frau des Basler Historikers und Staatsarchivars Dr. Rudolf Wackernagel zutreffen, in dessen Haus Hesse ein und aus ging. Während seiner Baseler Zeit empfand er sie als eine Art *„verehrungswürdige Mutter"*. Sie lebte in einem Kreis von Menschen, deren Interessen stark geformt waren von den Ideen des Historikers Jakob Burckhardt (1818-1897). Hesse, der sich 1899 von den Eltern in Calw freigemacht hatte, um auf eigenen Füßen zu stehen, brauchte zu seinem Wohlbefinden die familiäre Atmosphäre im Hause Wackernagel.

Maria („Mia") Bernoulli (1868-1963)

Bei Hesses erster Ehefrau finden wir das gleiche Modell wie bei Schiller: ein Mann zwischen zwei Schwestern. Schiller wählte die jüngere (unverheiratete), Hesse die ältere (unverheiratete)! Maria Bernoulli stammte aus einem alten Gelehrtengeschlecht, ihr Vater Fritz (1824-1913) war Notar in Basel, seine Frau Emilie, geborene Gengenbach (1831-1911) hatte sieben Kinder: Bertha (von Brunn, 1862-1947), Anna (Gmelin, 1863-1942), Emilie (1864-69), Sohn Fritz (1869-1944) wurde Pfarrer, Tochter Emma (1873-1957) blieb unverheiratet. Mia und ihre jüngste Schwester **Mathilde** („Tullia", 1878-1976, verheiratet mit Rudolf Boehringer) waren vielseitig begabte berufstätige Frauen, sie führten in Basel ein Fotoatelier, in dem häufig Künstlertreffen stattfanden. Im April 1903 planten diese Künstlerfreunde eine Reise nach Italien. Hesse schrieb nach Hause, dass *„Fräulein Bernoulli... mich zum Mitgehen überredete"*. In Mailand und Florenz kamen sich Hesse und Mia näher.

In dem Märchen „Iris", 1918 *„Für Mia"* geschrieben, glich die Frau, in die der Knabe Anselm sich verliebte, der eigenen. *„Sie war älter, als er sich seine Frau gewünscht hätte. Sie war sehr eigen und es würde schwierig sein, neben ihr zu leben und seinem gelehrten Ehrgeiz zu folgen, denn von dem mochte sie nichts hören. Auch war sie nicht sehr stark und gesund, und konnte namentlich Gesellschaft und Feste schlecht ertragen. Am liebsten lebte sie mit Blumen und Musik und etwa einem Buch um sich, in einsamer Stille, wartete, ob jemand zu ihr käme, und ließ die Welt ihren Gang gehen. Manchmal war sie so zart und empfindlich, dass alles Fremde ihr weh tat und sie leicht zum Weinen brachte. Dann wieder strahlte sie still und fein in einem einsamen Glück, und wer es sah, der fühlte, wie schwer es sei, dieser schönen, seltsamen Frau etwas zu geben und etwas für sie zu bedeuten."* (Hesse/Anselm sah sie aus rein männlichem Blickwinkel! War Mia wirklich so? Es wäre ratsam, wenn Frauen über Frauen und Männer über Männer schreiben würden, anstatt sich mühsam - und meist fehlerhaft! - in die andersartige Psyche einzuklicken...)

Beide Familien und alle Freunde rieten von der Verbindung ab, aber Hesse erklärte: *„Seit Jahren war ich nicht mehr verliebt... war der reine Puritaner“*, jetzt aber halte er allabendlich *„einen entzückenden, kleinen, wilden Schatz im Arm“*, der *„so gewaltsam küssen kann, dass ich fast ersticke.“*

Die 35-Jährige, die äußerlich seiner kurz zuvor verstorbenen Mutter ähnelte, wollte mit ihm ein ländliches, *„unstädtisches und unmodisches Leben“* führen. Während der Dichter im Verlobungsjahr 1903 in Calw bei Vater, Schwester und Tante Jette - **Henriette Ensslin** (1824-1914) führte seit Maries Tod Johannes Hesse den Haushalt - seine Novelle „Unterm Rad“ schrieb, fand Maria ein Bauernhaus in Gaienhofen. Nach der Hochzeit am 2. August 1904 lebte das Paar bis 1912 am Bodensee, dort wurden die drei Söhne geboren: Bruno 1905, Heiner 1909 und Martin 1911. Maria war eine ausgezeichnete Pianistin, Bergsteigerin und Skiläuferin und begleitete ihren Mann bei Touren in den Bergen. Sie war ihm an Bildung und Intelligenz ebenbürtig, *„eine selbständige, tüchtige Persönlichkeit“*, wie Hesse bestätigte. Trotz der Freude an den Kindern nervte ihn das Familienleben, er hatte Angst vor Sesshaftigkeit und „Philistertum“, immer häufiger ging er auf Reisen. Mia reagierte auf die familiären Belastungen mit Krankheit, musste Kliniken aufsuchen. Zwei Neurotiker zusammen - das konnte auf die Dauer nicht gut gehen! Einen Monat nach der Geburt des dritten Sohnes „floh“ Hesse mit dem Maler-Freund Hans Sturzenegger (1875-1943) nach Indien. Danach lebten Hesse und Mia noch einige Jahre in Bern, doch 1919 zog Hesse allein nach Montagnola. Die Buben wurden in Pflegefamilien gegeben, Mia in eine Heilanstalt. Auch nach der Scheidung belastete sie Geldbeutel und Psyche ihres Ex-Mannes. Erstaunlich ist, dass sie ihn überlebte und erst mit 95 Jahren starb.

Ruth Wenger (1897-1994)

Ruth, Tochter der Schweizer Schriftstellerin **Lisa Wenger**, geborene Ruutz (1858-1941) verbrachte die Sommermonate 1919 im Ferienhaus ihrer Eltern in der Nähe von Montagnola, wo Hesse lebte. Gern ließ sich der Einsame in das Leben der Familie Wenger einbeziehen. Er verehrte die Mutter und begann eine Liebschaft mit der Tochter. In „Klingsors letzter Sommer" hat er die Begegnung mit der jungen Gesangsschülerin im „Papageienhaus" dichterisch verklärt: *„Plötzlich stand die Königin der Gebirge da..."* Es schmeichelte der Eitelkeit des jungen Mädchens, dass der inzwischen berühmte Dichter ihre Nähe suchte. Er widmete der „sehr lieben jungen Freundin" das Gedicht „Der Traum von dir" und weitere acht Gedichte, außerdem 1923 das Märchen „Piktors Verwandlung", in dem sie Piktors blonde Gefährtin ist. Ruths Vater Theo Wenger (er starb 1928 in Basel) drängte auf Heirat, aber Hesse schrieb ihm: *„Ich werde, auch wenn ich in absehbarer Zeit die Scheidung erreiche, für Jahre wirtschaftlich... außer Stande sein, eine Frau zu ernähren. Ich möchte jedoch keineswegs diese materiellen Ursachen als die einzigen oder wichtigsten hinstellen. Viel wichtiger sind mir die inneren... Wenn ich nun von außen wie von innen gesehen, nicht eine Verheiratung anstreben kann, so weiß ich, dass ich damit die bürgerliche Moral verletze, kann dies aber nicht ändern, da ich einer anderen, aber nicht minder heiligen Moral folgen muss - der Stimme in mir selbst."* Jedoch im Sommer 1923, nach der Scheidung von Mia, musste er feststellen: *„Die Ehe ist ja nichts, was ich begehre und wozu ich begabt bin, aber das Leben und Schicksal hier ist stärker als meine Gedanken und Wünsche."* Hermann und Ruth heirateten im Januar 1924. Sechs Wochen später schrieb Hesse an seinen Freund Hugo Ball: *„Das Verheiratetsein, das ich nun wieder lernen sollte, glückt mir noch nicht gut. Es zieht mich, davonzulaufen und irgendwo allein und konzentriert einer geistigen Arbeit... zu leben, und nur zu manchen Stunden sehe ich, wie egoistisch das doch ist."*

Aber auch Ruth nahm wenig Rücksicht auf ihren schwierigen Ehemann, setzte ihre Gesangstunden fort, umgab sich mit Tieren (die er verabscheute) und lebte meist getrennt von ihm. Im Frühjahr 1927 wurde diese ungewöhnliche „Ehe“ auf ihren Wunsch geschieden.

1929 heiratete Ruth den Schauspieler Erich Haussmann (1900-1984) und lebte mit ihm in Berlin.

Am 18. 3. 1988 brachte der Südfunk 2 eine Sendung von Martin Pfeiffer über Ruth Haussmann unter dem Titel „Dann bist du, plötzlich meiner müd, gegangen“.

Zehn Jahre nach ihrem Tod am 25. Januar 2004 strahlte der SWR ein Feature von Margrit Irgang aus über Hesses drei Ehefrauen mit dem Titel „Ach, mich zu lieben bringt Zwiespalt und Bedrängnis.“

Ninon Dolbin, geb. Ausländer (1895-1966)

Nach der Lektüre des „Peter Camenzind“ hatte Ninon Ausländer als 15-Jährige einen bewundernden Brief an Hesse geschrieben, seither bestand Briefkontakt. 1926 lernten sie einander kennen und seit 1927 lebten sie miteinander. Er widmete ihr die Gedichte „Für Ninon“, „Der Kranke“ und den Sammelband „Beschwörungen“. Ninons Vater Dr. Jakob Ausländer (1860-1919), Advokat in Czernowitz, war gegen diese Verbindung, aber nach der Scheidung von ihrem ersten Mann, dem Wiener Ingenieur, Maler und Karikaturisten **Benedikt Fred Dolbin** (1883-1971, eigentlich: „Reinhold“ Pollak), wurde Ninon 1931 mit 36 Jahren Hesses dritte Ehefrau. Auch sie war fast zwanzig Jahre jünger als er, aber keine eitle Sängerin wie Ruth, sondern eine selbstbewusste, konsequente erwachsene Frau. Sie kümmerte sich einerseits liebevoll um Hesse, schuf sich andererseits genügend Freiraum, um ihm weder *„auf den Geist zu gehen“* noch ihre eigenen Interessen zu vernachlässigen. Sie blieb bei ihm bis zu seinem Tod, *„die*

Ninon Ausländer, dritte Ehefrau von Hermann Hesse

kluge, tapfere, verständnisvolle Gefährtin, deren er in den oft schwierigen Jahren so sehr bedurfte", wie Bernhard Zeller in seiner rororo-Monographie betont.

Von seinen drei Söhnen hatte Hermann Hesse vier Enkelinnen: Helen, genannt „Bimba" (*1929, verheiratete Gehrling, aus der ersten Ehe von Heiner mit Helen Guggenbühl); Christine (*1938, Tochter von Bruno („Butzi") und Klara Friedli, sie heiratete 1965 Fritz Widmer); Eva (*1943, Tochter von Heiner und Isa Rabinovitch - diese Schwiegertochter zeichnete 1966 Hesse auf dem Totenbett); Sibylle (*1945, Tochter von Martin („Brüdi") und Isabell Wurstemberger).

Bruno und Klara hatten außerdem einen Sohn Simon (*1941); Heiner und Isa bekamen zwei Söhne: Silver (*1942) und David (*1954). Auch die Geburt von Urenkelin Kim Barbara 1954, Tochter von Helen („Bimba") Gehrling, erlebte Hesse noch. Aus Hesses letzten Lebensjahren gibt es viele künstlerische Aufnahmen des Dichters und seiner Familie von Sohn Martin, der Fotograf geworden war.

Ein Jahr nach Hermann Hesses Tod wurde 1963 die „Hesse-Stiftung" gegründet. Hesses Geschwister lebten nicht mehr, also übertrug seine Witwe der „Hesse-Stiftung" den umfangreichen Nachlass, der später dem Deutschen Literaturarchiv in Marbach zur Sicherung und Auswertung übergeben wurde. 1965 gab Ninon Hesse die „Prosa aus dem Nachlass" heraus, ein Jahr später die Anthologie „Kindheit und Jugend vor 1900". Nach ihrem plötzlichen Tod 1966 setzten Volker Michels und Heiner Hesse die Aufarbeitung von Hermann Hesses Nachlass fort, unterstützt von Siegfried Unseld, dem Leiter des Suhrkamp-Verlags.

Emmy Ball-Hennings (1885-1948)

Neben den bisher erwähnten Frauen spielten weitere eigenständige Künstlerinnen oder Ehefrauen von Freunden und Wohltätern eine Rolle in Hesses Leben.

In der Entstehungsphase des „Siddhartha", also 1919/20, lernte Hesse das ungewöhnliche Paar Hugo Ball/Emmy Hennings kennen. Bis kurz vor dem Ersten Weltkrieg war **Hugo Ball** (1886-1927) Dramaturg an den Münchener Kammerspielen und **Emmy Hennings** Sängerin in einem Cabaret. Ihr erster Mann hatte sie nach kurzer Ehe verlassen, so dass sie für sich und ihre kleine Tochter Annemarie den Unterhalt verdienen musste. 1913 hatte sie einen Gedichtband veröffentlicht, 1914 nahm sie an Antikriegs-Demonstrationen teil, wurde kurz verhaftet und floh nach ihrer Entlassung nach Zürich. Mit Hugo Ball arbeitete sie in Varietés, Hugo als Pianist, Emmy als Sängerin, bis sie 1916 das Café Voltaire eröffneten, das bald zum Mittelpunkt des intellektuellen Untergrunds wurde. 1920 zogen die Balls nach Agnuzzo. Die erste Begegnung mit ihnen schilderte Hesse in Briefen und in seiner „Gedenkschrift für Hugo Ball" nach dessen Tod 1927. Emmy war eine lässige, knabenhaft wirkende Künstlerin, deren Unzuverlässigkeit *„so ganz in Hesses Frauenbild hineinpasste"*, wie Ralph Freedmann in seiner Hesse-Biografie feststellt. Hesse war für die beiden verarmten Freunde eine hilfreiche Vaterfigur und sie für ihn jugendliche Kritiker, die ihn zur Weiterarbeit am ins Stocken geratenen „Siddhartha auffforderten. 1927 schrieb Hugo Ball die erste, vom Dichter autorisierte Hesse-Biografie, die kurz nach Balls Tod in Berlin erschien.

Ilona Durigo (1881-1943)

Bedeutendste Konzert-Altistin ihrer Epoche, von 1921-1937 Lehrerin am Konservatorium Zürich, seit 1911 mit Hesse befreundet. Ilona Durigo hat die meisten der von Othmar Schoeck (1886-1957) komponierten Lieder zu Gedichten von Hermann Hesse uraufgeführt.

Alice Leuthold, Helene Welti, Tilly Wassmer

Zwischen 1925 und 1931 lebte Hesse im Winter in dem Appartement im Schanzengraben 31 in Zürich, das ihm die Freunde Fritz Leuthold (1881-1954) und seine Frau **Alice**, geborene Sprecher (1889-1957) zur Verfügung gestellt hatten. Dort entstand auch der zweite Teil des „Steppenwolf". Hesse hatte das Ehepaar 1911 auf seiner Indonesienreise kennen gelernt und nannte sie *„die Siamesen"*, weil sie lange in Siam gelebt und dort Kunstgegenstände gesammelt hatten.

In den Sommermonaten war Hesse bei dem Ehepaar Welti in Kehrsatz bei Bern zu Gast. Mit dem klugen, ritterlichen Privatgelehrten Dr. Friedrich Emil Welti (1857-1940) und seiner zweiten Frau **Helene**, geborene Kammerer (1872-1942) bestand seit 1908 eine herzliche Freundschaft. Hesse widmete dem Paar das Gedicht „Sommermittag auf einem alten Landsitz".

Der Maler und Graphiker Albert Welti (1862-1912) und seine Frau waren seit 1905 mit Hesse befreundet, Sohn Albert Jakob schrieb eine Biografie über seinen Vater.

Auch der Zementfabrikant und Mäzen Max Wassmer (1887-1970) und seine Frau **Mathilde** (Tilly, 1888-1972) auf Schloss Bremgarten gehörten zu Hesses Freunden im Tessin. 1947, bei der Feier von Hesses 70. Geburtstag in Bremgarten, waren alle drei Söhne mit ihren Frauen dabei, als Hesse die Urkunde der Ehrendoktorwürde der Universität Bern überreicht wurde. Max Wassmer richtete auch in Faido am Gotthard die Feier zu Hesses 85. Geburtstag aus. In der Skizze „Tessiner Herbsttage“ schildert Hesse, wie er die späten Sommertage in dieser Landschaft genoss.

Elsy Bodmer (1893-1968)

Elsy, Frau des Arztes und Musikers Dr. Hans-Conrad Bodmer (1891-1956), langjährige Briefkorrespondentin Hesses. Ihr Haus in der Züricher Bärengasse 22 nannte Hesse *„Arche Noah“*. Er widmete dem Ehepaar sowohl „Siddhartha“ als auch späte Prosa, Gedichte, Märchen. Bis 1931 bewohnte Hesse die „Casa Camuzzi“ in Montagnola, dann ließ Dr. Bodmer in Montagnola ein Haus nach Hesses Wünschen bauen und stellte es ihm lebenslang zur Verfügung. Erst nach Ninon Hesses Tod 1966 fiel das Haus an Bodmers Erben zurück. Die „Casa Hesse“ steht noch, ist aber für Besucher nicht zugänglich.

Frauenfiguren in Hesses Romanen

Die ersten Romane des jungen Hesse nenne ich „keusch“, weil die Jungen unberührt und die Frauen keine Verführerinnen, sondern Königinnen oder Lehrerinnen, also überhöhte, anbetungswürdige Gestalten waren. Sogar **Emma** in „Unterm Rad“ ist eine Lehrerin in ländlichem Gewand. Wenn Beischlaf ins Spiel kam, dann höchstens mit einer fülligen Bauersfrau oder Wirtin, deren Angebot der durch seine Erziehung gehemmte Mann im Vorbeigehen genoss (männliche Arroganz!). Erst Hesses leidenschaftliche Beziehung mit seiner späteren Frau Mia befreite ihn von den schlimmsten Auswüchsen sexueller Frustration. Jetzt war er in der Lage, auch die körperliche Liebe zu beschreiben - sehr dezent allerdings im Vergleich zu der heute gängigen Unsitte, die letzten Schleier wegzuziehen und dem offenbar als unmündig eingeschätzten Leser keinen Raum für eigene Vorstellungen zu lassen...

Hermann Lauscher (1901)

Lulu oder „Prinzessin Lilia", die Mädchenfigur in Hesses erster Novelle (nach den von Hesse selbst finanzierten „Romantischen Liedern" und den „Stunden hinter Mitternacht", die Eugen Diederichs seiner Frau zuliebe 1899 verlegt hatte), ist der jungen Julie Heilmann nachgebildet - eine aus eigenem Erleben genommene und zu Literatur gewordene, romantisierte Frauengestalt.

Peter Camenzind (1904)

Der Bildungsroman über den „Künstler als junger Mann" spielt in dem Dorf Nimikon, das unschwer als Calw zu erkennen ist. Der Ich-Erzähler schildert Ort, Landschaft und Eltern. *„Die* ***Mutter*** *war ehedem schön gewesen, davon war aber nur der feste, grade Wuchs und die anmutigen dunklen Augen übriggeblieben. Sie war groß, überaus kräftig, fleißig und still. Obwohl sie reichlich so klug wie der Vater und an Körperkraft ihm überlegen war, herrschte sie doch nicht im Hause, sondern ließ das Regiment ihrem Manne."* Sie wird also einerseits als begabte Frau geschildert, andererseits dafür gelobt, dass sie sich ihrem schwächlichen Mann unterordnet!

Der Advokatentochter **Rösi Girtanner** gilt Peters erste Liebe mit 17 Jahren. *„Sie war schön, und ich bin stolz darauf, dass ich mein Leben lang immer nur in sehr schöne Frauenbilder verliebt war... Eine Jungfer von siebzehn Jahren, fest und biegsam gewachsen. Aus dem schmalen, bräunlich frischen Gesicht sprach die stille beseelte Schönheit"*, die ihn an *„ein Mädchenbildnis aus der Familie der Fugger im sechzehnten Jahrhundert"* erinnerte. *„Dennoch verlangte mich nicht danach, von ihr bemerkt zu werden."* Er schnitt Alpenrosenzweige im Gebirge, legte sie auf die Treppe ihres Hauses und erfuhr nicht, ob Rösi den Gruß gesehen hat. *„Diese meine erste Liebe fand nie einen Ab-*

schluss, sondern verklang fragend und unerlöst in meine Jugendjahre und lief neben meinen späteren Verliebtheiten wie eine stille ältere Schwester mit."

Peter begegnet der älteren Malerin **Erminia** Aglietti, die einige Züge von Mia Bernoulli trägt - sie weckt die Sinnlichkeit des Protagonisten. Da sie einen verheirateten Mann liebt, verzichtet Camenzind - und verletzt sie damit! Später heiratet sie einen anderen.

Eine ähnlich unfreiwillige Lehrerin ist die (natürlich Klavier spielende) **Elisabeth**, für die Elisabeth Laroche und die Gesellschaft im Hause Wackernagel in Basel Modell gestanden haben. Peter lernt ihren Verlobten kennen und weint aus *„Heimweh nach Liebe"*. Aber als Elisabeth heiratet, freut er sich seines Glücks, das ihm *„die Blamage einer verspäteten Werbung erspart hatte"*.

Auch **Annunziata** Nardini, seine unförmige italienische Zimmerwirtin, *„eine mit Gott versöhnte Seele"*, die ihn heiraten möchte, bekommt noch einen Mann ab, der besser zu ihr passt. Aber Peter fällt der Abschied schwer, weil er bei ihr *„Heimat"* fühlte.

Über **Richard**, seinen geliebten (homoerotischen) Freund, sagt er: *„Nichts Köstlicheres als eine ehrliche und tüchtige Freundschaft unter Männern"*. Als Richard ertrinkt, weiß Peter, dass damit seine Jugend zu Ende ist. Zum Schluss wird Peter Camenzind „sozial" – er kümmert sich um **Boppi**, den Krüppel.

„Dabei fällt auf, dass die Liebe zu Frauen ausnahmslos überhöht und allgemein geschildert wird und dass sie sich meist in... Gesprächen äußert, während ähnliche Episoden mit männlichen Freunden eine Tendenz zum Dramatischen und Konkreten zeigen", schreibt Ralph Freedman in seiner Hesse-Biographie (S.151).

Unterm Rad (1906)

In dieser Erzählung rechnet Hesse mit dem damaligen Schulsystem ab. Der Seelenfrieden des Klosterschülers Hans Giebenrath wird zum ersten Mal erschüttert durch den Kuss seines Freundes Hermann Heilner, zum zweiten durch **Emma Gessler**, das *„Mädchen in einem blauen Rock"*, Nichte des Schumachers Flaig. *„Sie war vielleicht achtzehn oder neunzehn Jahre alt, beweglich und lustig, wie die Unterländer sind, nicht groß, aber von vollen Formen. Lustig und gescheit waren im runden Gesicht die dunklen, warm blickenden Augen und der hübsche, küssige Mund, und alles in allem sah sie zwar wie eine gesunde und heitere Heilbronnerin, aber gar nicht wie eine Verwandte des frommen Schustermeisters aus. Sie war durchaus von dieser Welt, und ihre Augen sahen nicht aus wie solche, die am Abend und in der Nacht in der Bibel und in Goßlers Schatzkästlein zu lesen pflegen."* Als sie ihn berührt, stockt Hans *„das Herz in angstvoller Wonne... Ein neues, fremdartiges Land mit fernen blauen Küsten (tat) sich vor seiner Seele auf."* Er hatte *„das Land der Kindheit verlassen, das man nicht wiederfindet"*. Zweimal küsste ihn die Emma (*„er fühlte ihren Mund brennen"*), dann verschwand sie „ohne Gruß, ohne Abschied" - sie hatte ihn nicht ernst genommen!

Schon in den ersten Romanen entwickelte Hesse den literarischen Trick, sein ICH in zwei gegensätzliche Figuren aufzuteilen. Die Auflehnung gegen Vorschriften, Moral und Dogmen, von denen die Dramen des jungen Schiller leben, hat auch Hermann Hesse in seinen Romanen, Novellen und Erzählungen thematisiert.

Gertrud (1910)

Der Musikerroman „Gertrud“ war die letzte Arbeit aus Hesses Gaienhofer Periode. Auch hier lebt der Künstler in Konflikt mit der bürgerlichen Welt: der Komponist und Ich-Erzähler Kuhn und sein Freund, Lehrer und Gegenspieler, der faszinierende Sänger Heinrich Muoth. Kuhn wurde als junger Mann zum Krüppel, weil er einem koketten, frühreifen Mädchen namens **Liddy** imponieren wollte. Die Liebschaften von Muoth mit der Schauspielerin **Marion** und mit der leidensfähigen **Lotte** waren oberflächlich und kurzlebig, deshalb hofft Kuhn, dass die von ihm geliebte **Gertrud Imthor** der Anziehungskraft des Sängers nicht erliegen wird. Das Mädchen *„war damals kaum über zwanzig Jahre alt, schlank und gesund wie ein feiner Baum“*, es *„war aus dem Kram und dem Schwindel des Jungmädchentums unberührt hervor gegangen, ihrem eigenen noblen Wesen folgend wie eine sicher schreitende Melodie.“* Aber gerade das fasziniert den dämonischen Sänger. Nach einer schrecklichen Ehe trennt er sich von Gertrud und begeht Selbstmord. Kuhn, der körperbehinderte Musiker, kehrt zu Gertrud, der Witwe seines Freundes, zurück, um ihr für den Rest seines Lebens still zu dienen. Von **Brigitte** Teiser, einem schlicht-vergnügten, harmlosen Mädchen, das ihn hoffnungslos liebte, hatte er gelernt, mit dem Schmerz unerwiderter Liebe umzugehen.

In einem Brief an Theodor Heuß, der im Juli 1913 Redakteur bei der Zeitschrift „März“ wurde, verteidigte Hesse seinen neuen Stil: Er habe bewusst den *„epithitareichen Enthusiasmus“* des „Camenzind“ verlassen zu Gunsten der *„fast armen, knapp aufs einfachste gebrachten Sprache der Gertrud.“*

Rosshalde (1914)

In diesem Roman vom Niedergang der Ehe des Malers Johann Veraguth hat Hesse wiederum eigene Probleme verarbeitet. Mit **Adele Veraguth** (die nicht zufällig den Namen von Hesses Lieblingsschwester Adele trägt), Mutter des kleinen, todkranken Pierre, hat er das idealisierte Bild einer Frau und Mutter geschaffen, die liebevoll und unerbittlich um ihr Kind kämpft! Als sie schließlich doch bereit ist, den Kleinen dem Vater zu überlassen, stirbt das Kind, die Ehe bricht auseinander - und der Maler reist nach Indien!

Demian (1919)

Die 60 Sitzungen bei Joseph B. Lang, einem Schüler des Psychoanalytikers C. G. Jung, markierten 1917/18 einen Wendepunkt: Vom Beschreiber der Landschaft wurde Hesse zum Beschreiber der Seelenlandschaft. *„An die Stelle des Realismus rückte der Symbolismus"*, schreibt Ralph Freedman in seiner Hesse-Biografie (Seite 249).

Die Geschichte von Emil Sinclairs Jugend war wieder eine neue Verkleidung von Hesses „zwei Seelen": der scheue Emil Sinclair und sein „Dämon" Max Demian. Emil verliebt sich in **Beatrice:** *„Sie war groß und schlank, elegant gekleidet und hatte ein kluges Knabengesicht."* Mit dem *„Kult der Beatrice"* ändert sich das Leben des jungen Sinclair: *„Gestern noch ein frühreifer Zyniker, war ich jetzt ein Tempeldiener, mit dem Ziel, ein Heiliger zu werden."* Aber sein Freund Demian holt ihn zurück in die Wirklichkeit, zeigt ihm das kränkelnde Europa, den Krieg *„als Ausstrahlung des Inneren, der in sich zerspaltenen Seele, welche... sterben wollte, um neu geboren werden zu können. Es kämpfte sich ein Riesenvogel aus dem Ei, und das Ei war die Welt, und die Welt musste in Trümmer gehen."* Nur in der Nähe von Demians Mutter, **Frau Eva**, findet Sinclair *„Liebesglück, ihr Blick war Erfüllung"*. Allerdings übertreibt der Junge - alles, was Frau Eva dem armen

Verliebten gibt, ist ein Kuss auf den Mund, bevor er in den Krieg zieht, wo Demian neben ihm im Lazarett stirbt.

Klingsors letzter Sommer (1920)

„Lächelnd dachte er an **Gina**, *die er heut abend gesehen hatte, mit der auf dem ganzen nächtlichen Heimweg seine zärtlichen Gedanken gespielt hatten. Wie war dies Mädchen schön und warm in seiner noch unerfahrenen und ängstlichen Glut! Spielend und zärtlich sagte er vor sich hin, als flüstere er ihr wieder ins Ohr: Gina! Gina! Cara Gina! Carina Gina! Bella Gina!"* schwärmt der 42-jährige Maler. Und kurz vor dem Einschlafen: *„Kein Ding auf der Erde, das man nicht hätte malen müssen! Keine Frau in der Welt, die man nicht hätte lieben müssen! Warum gab es Zeit? Warum immer nur dies idiotische Nacheinander und kein brausendes, sättigendes Zugleich?"* Er genießt aber auch den Anblick anderer Frauen, begehrt sie platonisch. Klingsor/Hesse, der Augenmensch, wandert im Gebirge mit Freunden, darunter zwei Frauen: „Ersilia (ihr Vorbild war die Malerin **Margarethe Toppi-Oswald**), *„die weiße schlanke Malerin, mit rosigem Gesicht... Klingsor trank sie mit durstigem Auge..."* Aus einem Palast dringt Musik, *„ein singender Flügel voller Töne"* verzaubert ihn. *„Plötzlich stand die* **Königin der Gebirge** *da, schlanke, elastische Blüte, straff und federnd, ganz in rot, brennende Flamme, Bildnis der Jugend. Vor Klingsors Augen stoben hundert geliebte Bilder hinweg, und das neue sprang strahlend auf. Er wusste sofort, dass er sie malen würde... Eine Sekunde lang empfand er aufzuckend: Wäre ich zehn Jahre jünger, zehn kurze Jahre, so könnte diese mich haben, mich fangen, mich um den Finger wickeln. Nein, du bist zu jung, du kleine rote Königin, du bist zu jung für den alten Zauberer Klingsor... Für dich, Steinnelke, ist er zu alt. Für dich genügt die Liebe nicht, die Klingsor zwischen einem Tag voll Arbeit und einem Abend voll Rotwein zu verschenken hat. Desto besser wird mein Auge dich trinken, schlanke Rakete, und von dir wissen..."* So sah der Dichter seine Begegnung mit

Ruth Wenger, mit der ein Lebensabschnitt endete und ein neuer begann.

Siddhartha (1922)

In der Novelle „Klein und Wagner" hatte Hesse die Aufspaltung des Protagonisten in zwei Gestalten nur *„im Kopf"* durchgeführt (die beiden Figuren waren ein Mann!), im „Siddhartha" dienen von Anfang an zwei verschiedene Personen als Inkarnation der gespaltenen Seele des Dichters: **Siddhartha** und **Govinda**, die Brahmanensöhne auf der Suche nach Erkenntnis.

Zusammen lernen sie Armut und Enthaltsamkeit bei den Samanas, dann dienen sie Gotama, dem Buddha. Govinda bleibt und wird Mönch, Siddhartha wandert weiter. Am Eingang zu einem Lusthain begegnet er der schönen Kurtisane **Kamala:** *„Unter hochgetürmten schwarzen Haaren sah er ein sehr helles, sehr zartes, sehr kluges Gesicht, hellroten Mund wie eine frisch aufgebrochene Feige, Augenbrauen gepflegt und gemalt in hohen Bogen, dunkle Augen klug und wachsam, lichten hohen Hals aus grün und goldenem Oberkleide steigend, ruhende helle Hände lang und schmal mit breiten Goldreifen über dem Gelenk. Siddhartha sah, wie schön sie war, und sein Herz lachte."* Von ihr lernt er die *„Liebeskunst"* und verlässt sie, ohne zu wissen, dass sie ein Kind von ihm erwartet. Beim Kaufmann Kamaswami lernt er den Handel, gibt aber auch den Reichtum auf, trifft beim weisen alten Fährmann **Vasuveda** (am Fluss „Rubikon") seinen Freund Govinda, und stirbt als Vollendeter mit dem Lächeln des Gotama Buddha, des Vollendeten, auf den Lippen.

Der Steppenwolf (1927)

Mit diesem Buch rettete sich Hesse aus der schwersten Krise seines Lebens, schrieb sich den Nachkriegsfrust von der Seele - und schockierte seine bürgerlichen Fans! In den 60er Jahren des 20. Jahrhunderts wurde es das Kultbuch der Aussteiger. **Harry Haller** ist äußerlich ein Mensch, innen ein Wolf, der die Zähne bleckt, wenn Harry *„eine sogenannte gute Tat verrichtete"*. Das Vorbild für **Erika**, die nur alle halbe Jahre Harry besucht, um mit ihm zu streiten, ist Ruth Wenger. Sie gehört zu dem alten Harry, der sich Steppenwolf nennt. Er trifft **Hermine**, ein hermaphroditisches Wesen, *„das bleiche, feste Gesicht mit dem blutrot gemalten Mund, mit den hellen grauen Augen, mit der glatten, kühlen Stirn, mit der kurzen straffen Locke vorm Ohr. Gütig und ein klein wenig spöttisch nahm sie sich meiner an."*

Sie ist Harrys weibliches Spiegelbild, verwandelt sich beim Maskenball in Harrys Schulfreund Hermann und später sogar in Mozart, Harrys Menschheitsideal. Obwohl sie mit dem geschniegelten Saxophonspieler **Pablo**, dem Herrn des *„Magischen Theaters"*, zusammen ist, hilft sie ihrem Freund Harry aus der „Steppenwolf"-Einsamkeit heraus, bringt ihm das Tanzen bei und führt ihm **Maria** zu. *„Maria lehrte mich... holde Spiele und Beglückungen der Sinne."* Danach ist Harry reif für die gespiegelte Welt in Pablos *„Magischem Theater"*, wo er sein *„ganzes Liebesleben noch einmal"* durchlebt: *„Alle Mädchen, die ich je geliebt, waren nun mein"* - er nennt Rosa, Irmgard, Anna, Ida, Lore und Emma - *„alle versäumte Liebe meines Lebens blühte in dieser Traumstunde zauberhaft in meinem Garten... und ich staunte darüber, wie reich mein Leben, mein scheinbar so armes und liebloses Steppenwolfleben, an Verliebtheiten, an Gelegenheiten, an Lockungen gewesen war."* Mit der Musik aus Mozarts Don Juan, *„die das Auftreten des Steinernen Gastes begleitet"*, irrt Harry durch die gespiegelte (also irreale) Welt, findet Hermine neben Pablo *„tief erschöpft vom Liebesspiel"* und tötet sie mit einem Messerstich. *„Noch eh sie ganz mein geworden war, hatte ich meine Geliebte getötet"* - aber Pablo klärt ihn auf: er habe den schönen Bildersaal des *„Magischen Theaters"* mit der Wirklichkeit verwechselt und ein gespiegeltes Mädchen mit einem gespiegelten Messer erstochen. Zur Strafe wird er zum ewigen Leben verurteilt und dazu, das Lachen zu lernen, um *„den Humor, den Galgenhumor des Lebens"* zu erfassen.

Narziss und Goldmund (1930)

In diesem „Sich-selbst-finde-Buch" stellt Hesse die vergeistigte Liebe des Narziss dem *„süßen, tierischen Spiel der Sinne"* Goldmunds gegenüber. „Goldmund" ist die Eindeutschung von *(Johannes) Chrysostomos*, dem Namen eines griechischen Kirchenvaters, der um 345 in Antiochia geboren wurde und 407 starb.

Die beiden Freunde wachsen im Kloster Mariabronn auf, *„einer des anderen Gegenstück und Ergänzung"*. Narziss erkennt, dass Goldmund nicht zum Mönch taugt. *„Die Naturen von deiner Art... die Beseelten, die Träumer, Dichter, Liebenden, sind uns andern, uns Geistmenschen, beinahe immer überlegen. Eure Herkunft ist eine mütterliche. Ihr lebet im Vollen, euch ist die Kraft der Liebe und des Erlebenkönnens gegeben. Wir Geistigen... leben nicht im Vollen, wir leben in der Dürre... Eure Heimat ist die Erde, unsre die Idee. Eure Gefahr ist das Ertrinken in der Sinnenwelt, unsre das Ersticken im luftleeren Raum."* Goldmund versöhnt sich mit dem vom Vater verbotenen Andenken an seine **Mutter**, *„ein schönes wildes Weib von heidnischer Herkunft"*. Er verlässt das Kloster und begegnet vielen Frauen: der Landfahrerin **Lise**, kräftigen **Bauersfrauen**, den zärtlich verspielten Schwestern **Lydia und Julie**, die sich gemeinsam zu ihm legen, den Mägden **Franziska** und **Kathrine**, die ihn mit Nahrung versorgen, und Lisbeth, der behüteten Tochter seines Meisters Niklaus, die er heiraten soll. Aber Goldmund hat ein anderes Ziel: Nach der Statue des Johannes, die Narziss gleicht, möchte er *„das Bild der der großen* ***Eva-Mutter****"* schaffen.

Doch als er in den Armen von Narziss' stirbt, erkennt er: *„Sie will nicht, dass ich ihr Geheimnis sichtbar mache.“*

Das Glasperlenspiel (1943)

In der rein maskulinen *„pädagogischen Provinz“* von Kastalien zeigt Hesse seine Abneigung gegen die Ehe. Nur im *„Ersten Lebenslauf“*, den Josef Knecht als Hausaufgabe während seiner Studienzeit schrieb, ist der Protagonist verheiratet. **Ada**, Tochter des Regenmachers und Schamanen Tuku, hat nur zwei Funktionen: Einmal sorgt sie durch ihre Heirat für Sohn-Ersatz (Tukus Schwiegersohn Josef wird sein Nachfolger) und zum anderen für die Zukunft der Familien als Gebärerin von Josefs Kindern. Der Älteste, nach dem Großvater Tuku genannt, setzt die „Regenmacher“-Tradition fort.

Die schizophrene frauenfeindliche *„Moral“* der Eliten-Schmiede zeigt sich in der Einstellung gegenüber den Freundinnen der Studenten: Den Bürgertöchtern scheint *„der Student und Gelehrte als Geliebter ganz besonders begehrenswert... die Studentenliebste in Kastalien kennt die Frage nicht: wird er mich heiraten? Nein, er wird sie nicht heiraten. Zwar ist tatsächlich auch dies schon geschehen; es hat sich je und je der seltene Fall ereignet, dass ein Elitestudent auf dem Weg der Heirat in die bürgerliche Welt zurückkehrte, unter Verzicht auf Kastalien und die Zugehörigkeit zum Orden. Doch spielen diese paar Fälle von Abtrünnigwerden in der Geschichte der Schulen und des Ordens kaum eine andere Rolle als die einer Kuriosität.“*

Wir fassen zusammen: Hesses Bild der Frau ist für Heutige unbefriedigend. In seinen Romanen ist sie entweder unerreichbare Königin oder sexgeile Bettgenossin zur Befriedigung des Mannes, ohne eigene feminine Würde. In Hesses Werken ist allein die Mutter (trotz Kritik an der eigenen) unantastbar.

Literatur

Friedrich Schiller (1759-1805):
1.) Gesammelte Werke, verschiedene Ausgaben.
2.) Der Briefwechsel zwischen Schiller und Goethe, hrsg. von Emil Staiger. Insel Taschenbuch 250, 1977
3.) Sigrid Damm, Das Leben des Friedrich Schiller. Eine Wanderung. Insel Verlag 2004
4.) Jörg Aufenanger, Schiller und die zwei Schwestern, Deutscher Taschenbuchverlag 2005
5.) Christine Theml, Zwischen Kinderstube und Secrétaire. Frauen um Schiller in Jena. Jenzig 2002

Eduard Mörike (1804-1875):
1.) E. M. Werke und Briefe. Marbacher Historisch-kritische Gesamtausgabe, Hrsg. H. H. Krummacher, Herbert Meyer, B. Zeller, 16 Bde. Stuttgart 1968-2000
2.) Eduard Mörike, Briefe an seine Braut Luise Rau (1829-1833), Kösel 1965
3.) Hans Egon Holthusen, Mörike. Rororo- Bildmonographie. Rowohlt 1986
4.) Der Humor bei Eduard Mörike, Vortrag (Typoskript) Inge Dillenburger, Stadtbibliothek Ludwigsburg 2002.

Hermann Hesse (1877-1962)
1.) Gesammelte Werke, verschiedene Ausgaben.
2.) Ursula Apel, Hermann Hesse. Personen und Schlüsselfiguren in seinem Leben. München 1989
3.) Ralph Freedman, Hermann Hesse, Autor der Krisis. Eine Biographie. Aus dem Amerikanischen von Ursula Michels-Wenz. Suhrkamp 1999
4.) Uli Rothfuss, Hermann Hesse privat. Edition q 1977
5.) Bernhard Zeller, Hermann Hesse in Selbstzeugnissen und Bilddokumenten. Rororo-Bildmonographie 1981

Register

Inhaltsverzeichnis

Verzeichnis der Abbildungen

Sämtliche Bilder DLA Bildabteilung Marbach/Neckar

Die Autorin

Eine Berlinerin im Schwabenland oder eine Schwäbin aus Berlin – beides trifft auf die Autorin zu, die seit 1960 in Ludwigsburg lebt.

An der Freien Universität Berlin, an der University of Arkansas in den USA und an der Universität Stuttgart hat sie Sprachen, Literatur- und Politikwissenschaft studiert.

Die Ehe mit dem erfolgreichen Redakteur und Sachbuchautor Helmut Dillenburger, sechs Kinder, dazu soziales und kommunalpolitisches Engagement ergeben ein erfülltes Frauenleben.

20 Jahre lang arbeitete sie als Dozentin an der Volkshochschule Ludwigsburg und ebenso lange ist sie Vorsitzende einer Ludwigsburger Autorengruppe.

Seit den siebziger Jahren veröffentlicht sie Bücher über Kinder und Tiere, in den Achtzigern eine Triologie über Oma und Opa, dazu Kurzgeschichten, Gedichte und einen Roman aus der Hungerzeit nach dem zweiten Weltkrieg – „Das beschädigte Lächeln“.

Im Stieglitz-Verlag erschienen: Die sechs Gesichter der Anna Groll – Eine Familiensaga aus Württemberg.

„Wenn ich denke, dass vielleicht in hundert und mehr Jahren man mein Andenken segnet, und mir noch im Grabe Tränen und Bewunderung zollt, dann freue ich mich meines Dichterberufs und versöhne mich mit Gott und meinem oft harten Verhängnis.

Manfred Wolf
Schiller einmal anders
Anekdoten – Essays – Episoden

140 Seiten
ISBN 3-7987-0376-0

Diesen charismatischen revolutionären Denker und „Hofpoeten des deutschen Idealismus" (Adorno) erleben wir hier ganz privat und als Mensch wie du und ich – im Spiegel seiner Zeitgenossen, Freunde, Frauen sowie in eigenen Zitaten und intimen Bekenntnissen.

Manfred Wolf
Leser fragen – Schiller antwortet

120 Seiten,
ISBN 3-7987-0370-1

Mit dieser Gesprächslektüre liegt nicht nur ein Nachschlagwerk der Schiller-Zitate vor, sondern auch ein vergnügliches und geistsprühendes Buch.

STIEGLITZ

Das Erzählte vermittelt sehr anschaulich das Leben und die Probleme im 19. und 20. Jahrhundert. Die politischen Entwicklungen der Zeit hin zu mehr Freiheit und Selbstbestimmung spiegeln sich auch im Leben der weiblichen Figuren wider.
Der politische Hintergrund ist sehr gut eingearbeitet. Die häufig wechselnden Schauplätze wie Ludwigsburg, Stuttgart, Heilbronn, Heidelberg, Mannheim, Ulm, Tübingen und Wien und die Konzentration auf unterschiedliche Frauenfiguren verleihen dem Roman einen abwechslungsreichen Charakter - eine gut recherchierte und sehr bildhaft und lebendig erzählte Familiengeschichte.

ISBN 3-7987-0372-8

STIEGLITZ